VIANNA DE CARVALHO
EL TRIBUNO DE ICÓ

Por
Luciano Klein Filho

Traducción al Español:
J.Thomas Saldias, MSc.
Trujillo, Perú, Marzo, 2024

Título Original en Portugués:
"O Tribuno de Icó"
© Luciano Klein Filho, 2014
Publicado en Español con la autorización de su autor.

World Spiritist Institute

Houston, Texas, USA
E – mail: contact@worldspiritistinstitute.org

Del Traductor

Jesús Thomas Saldias, MSc., nació en Trujillo, Perú.

Desde los años 80s conoció la doctrina espírita gracias a su estadía en Brasil donde tuvo oportunidad de interactuar a través de médiums con el Dr. Napoleón Rodriguez Laureano, quien se convirtió en su mentor y guía espiritual.

Posteriormente se mudó al Estado de Texas, en los Estados Unidos y se graduó en la carrera de Zootecnia en la Universidad de Texas A&M. Obtuvo también su Maestría en Ciencias de Fauna Silvestre siguiendo sus estudios de Doctorado en la misma universidad.

Terminada su carrera académica, estableció la empresa *Global Specialized Consultants LLC* a través de la cual promovió el Uso Sostenible de Recursos Naturales a través de Latino América y luego fue partícipe de la formación del **World Spiritist Institute**, registrado en el Estado de Texas como una ONG sin fines de lucro con la finalidad de promover la divulgación de la doctrina espírita.

Actualmente se encuentra trabajando desde Perú en la traducción de libros de varios médiums y espíritus del portugués al español, habiendo traducido más de 300 títulos, así como conduciendo el programa "La Hora de los Espíritus."

Índice

AGRADECIMIENTOS 9
PRESENTACIÓN 10
PREFACIO 12
BAJO LAS LUCES DEL ESPIRITISMO 15
INTRODUCCIÓN 18
CAPITULO I NACIMIENTO..21
   1. El escenario de llegada 21
   2. Nueva cruzada 22
   3. Registro de nacimiento 23
   4. Icó - breve historia..23
   5. Los Carvalho 25
   6. El niño Manu 25
   7. Descenso 26
CAPÍTULO II LOS ALFABETIZADOS...28
   1. Efervescencia cultural...28
   2. La Escuela Militar 29
   3. El centro literario..30
   4. Carillas 32
   5. Colores y modulaciones 34
   6. Un gran amigo..35
CAPITULO III LOS MILITARES...40
   1. Carrera militar 40
   2. Al servicio del Ejército y del Espiritismo 41
   3. Expediente Académico 42
   4. Felicitaciones 42
   5. Un Querido Comandante 45

CAPITULO IV EL MÚSICO 47
1. Influencia del viejo Carvalho 47
2. En casa de Juvenal Galeno 47
3. Manu Polca 48
4. Música Devocional 48
5. Compañero Inseparable 50

CAPITULO V EL PERIODISTA 52
1. En la Prensa Espírita 52
2. La influencia de Bezerra de Menezes 53
3. En la Prensa Convencional 54

CAPÍTULO VI EL MASÓN 57
1. Masonería y Espiritismo 57
2. Vianna Masón 58
3. Un periódico masónico 60
4. Un homenaje póstumo 61
5. Una celebración histórica 62

CAPÍTULO VII EL PONENTE 66
1. La oratoria a través de los tiempos 66
2. El mejor orador 67
3. Bellísima improvisación 69
4. "Un titán" 71

CAPÍTULO VIII EL POLEMISTA 74
1. Controversias 74
2. En la Patria 75
3. Un mensaje apócrifo 80
4. Padre Van Esse 81

CAPÍTULO IX OTRAS FACETAS 86

1. Caleidoscopio 86
2. Discípulo fiel 86
3. El unificador 87
4. El poeta espírita 88
5. El evangelizador 88
6. Amor por los niños 89
7. Ante los problemas sociales 91
8. El hombre que amó y sufrió 92
9. El filántropo 93

CAPITULO X LA GRAN CRUZADA 96
1. Trabajo sui generis 96
2. El estratega 96
3. La cruzada 97
    3.1 - Río de Janeiro 97
    3.2 - Río Grande del Sur 102
    3.3 - Mato Grosso 103
    3.4 - Ceará 105
    3.5 - Alagoas 116
    3.6 - Paraná 119
    3.7 – Pernambuco 121
    3.8 - Minas Gerais y Espírito Santo 126
    3.9 - São Paulo 129
    3.10 - Sergipe 134

CAPÍTULO XI EL REGRESO TRIUNFAL 138
1. La enfermedad 138
2. El último escrito 139
3. La despedida 140

4. Repercusión del resultado 141

    4.1 - En la patria..141

5. Del mundo espiritual..149

6. Instituciones y sociedades 150

CAPÍTULO XII ENTREVISTA A RENATO DE CARVALHO. 152

    1. Una gran sorpresa...152

    2. Renato de Carvalho..153

    3. La entrevista 153

        3.1 - Vianna y su familia 153

        3.2 - En el 23 a.C. 153

        3.3 - Un paseo inolvidable 154

        3.5 - Detalles físicos 154

        3.6 - Un caso curioso 154

        3.7 - Protección espiritual 155

        3.8 - La última reunión...155

CAPITULO XIII EL BINOMINIO VIANNA/DIVALDO..........157

    1. Una simbiosis perfecta...157

    2. Coincidencias curiosas...157

    3. Entrevista a Divaldo Franco.....................................158

CAPITULO XIV PAGINAS DE VIANNA DE CARVALHO ...161

    1. Controversias 161

        1.1- Jesucristo y el Papa 161

        1.2 - Ejemplos y no palabras.................................164

        1.3 - Confesión y misa...166

        1.4 - Infalibilidad papal...169

        1.5 - La confesión auditiva....................................171

        1.6 - Ordenación de fallecidos 173

2. Piezas literarias 176
   2.1 - En la montaña 176
   2.2 - Marcha fúnebre (do bemol) 177
   2.3 - La lección de italiano 178
   2.4 - Súplica 179
   2.5 - Ruinas 180
3. Dirección espiritual 181
   3.1 - Homenaje a la Navidad de Jesús 181
Libros 186
   REFERENCIAS BIBLIOGRÁFICAS 186

AGRADECIMIENTOS

Alamar Régis Carvalho (PA), Antônio de Souza Lucena (RJ), Antônio Veríssimo Sobrinho (PE), Aparecido Belvedere (SP), Ary Bezerra Leite (CE), Benvindo da Costa Melo (CE), Berenice de Castro Neves (CE), Célio Alan Menezes (CE), Centro de Documentación-USE (SP), Círculo de Investigaciones Espíritas (ES), Cléa Vasconcelos (CE), Cruzada de los Militares Espíritas (RJ), Divaldo Pereira Franco (BA), Federación Espírita del Estado de Ceará, Federación Espírita del Estado de Mato Grosso, Federación Espírita del Estado de Sergipe, Francisco de Assis Almeida Barros (RJ), Francisco Rolim de Freitas (CE), Gertrudes Costa Sales (CE), Gilberto Cardoso (CE), Humberto Vasconcelos (PE), Jany Júnior (MT), João Batista Cabral (SE), João Carlos Neto (CE), João Elmadan Machado Maia (CE), João Vianney Campos (CE), Jorge Brito (DF), Jorge Hessen (DF), José Varella Neto (RJ), Lacordaire Abraão Faiad (MT), Leilah, Leonardo y Leônidas de Carvalho (CE), Madalena Figueiredo (CE), Maria Augusta Guimarães dos Reis (CE), Mário Caúla Bandeira (CE), Miguel Porfírio de Lima (CE), Milton Borges dos Santos (CE), Nícia Cunha (MT), Nilton Sousa (CE), Paulo Eduardo Mendes (CE), Renato de Carvalho (CE), Ruy Kremer (RJ), Sílvia Lomberti Melho- ranança (MT), Sylvia Schoch Santana (RJ), Ubiratan Machado (RJ), Venícius Wagner Nogueira de Moura (CE), Walda Mota Weyne (CE), Zelito Nunes Magalhães (CE) y Zêus Wantuil (RJ).

PRESENTACIÓN

Venimos siguiendo la trayectoria de los esfuerzos realizados por nuestro querido Luciano en la investigación de la vida y obra del gran tribuno espírita Manoel Vianna de Carvalho. Una figura única en nuestro movimiento espírita brasileño, que, sabiendo utilizar los recursos que la vida nómada de los militares permitía, llevó la consoladora palabra del Espiritismo a todos los rincones de Brasil, dondequiera que fuese.

Luciano llega a tiempo para registrar, históricamente, la obra espírita de Vianna, valorando la presencia de este bastión de la palabra evangelizadora de los nuevos tiempos en nuestra tierra. Este ejemplo de vida espírita que fue Vianna de Carvalho debe hablar fuerte al corazón de todos los que luchan en las filas de la Doctrina consoladora, mientras enarbolaba la bandera de su fe, frente a la sociedad de su tiempo, hablando sin miedo de la causa de los espíritus, fundando instituciones espíritas de gran importancia para el adoctrinamiento y la caridad.

Como nadie, utilizó el conocimiento para la desobsesión de los obsesionados, el adoctrinamiento de los espíritus inferiores, malos y enfermos, guiando a los médiums principiantes y perturbados, advirtiendo las almas de los hombres más reacios a buscar los caminos de Dios mediante la fe razonada. Es justo, por tanto, que su biografía salga a la luz, como una chispa que enciende la esperanza en corazones necesitados de pautas para el bien.

Con esta tarea que nos encomienda Luciano, la de presentar esta reseña histórica, nos sentimos honrados de haber tenido la oportunidad de participar con algunos sencillos aportes y poder estar aquí, de nuestra propia mano, ensalzando el valor, tal vez no siempre entendido, de una obra que viene a revivir la memoria de uno de los héroes más dedicados de la novedosa revelación de Dios a los hombres, que es la Doctrina Espírita.

Querido lector, acoge esta obra en tu acervo intelectual, seguro de estar en posesión de un verdadero rescate histórico que enarbola una vez más la bandera de la esperanza a través del ejemplo vivo de la verdadera cristiana que fue Vianna de Carvalho.

A él, Vianna, nuestro más sincero agradecimiento, por su legado de luchas en el campo redentor, por iniciar la buena lucha, por cumplir su misión y terminar su carrera de realizaciones luminosas y fructíferas en el corazón humano.

A Luciano, nuestros deseos de mucho progreso espiritual y que siempre pueda utilizar más de su talento de investigador para traer a nuestra memoria más datos sobre las realizaciones cristianas en los campos fértiles de la paz, la esperanza y la caridad, a la luz de nuestra doctrina.

L. Palhano Jr.

PREFACIO

"No sabía - le dice un infante al escultor -, que dentro de ese bloque de piedra estaba este hermoso caballo que trajiste." Quizás de esta alegoría podamos extraer la esencia de la obra del memorialista. La piedra en bruto es la acción de la naturaleza que hace el camino opuesto a la joya que se inserta en sí misma en la figura del "hermoso caballo." El tiempo que olvida a quien le dio vida petrifica la memoria que el historiador-artesano lucha por extraer de su estado condensado. Derribar la barrera que separa el presente del pasado, extraer secretos que la memoria se empeña en olvidar es más que simplemente evocar curiosidades, sino la reconstrucción de la fisonomía de los acontecimientos que nos permitirán comprender a los hombres del pasado, las filigranas de los acontecimientos históricos. eventos y proyectar nuestras acciones futuras. Si nos posicionamos de forma más sencilla, al menos será una delicia.

Difícil, pero gratificante, es la tarea del autor de memorias. Su combustible son las perlas que busca en el fondo del océano. Al sumergirse en las aguas del olvido, no sabe exactamente qué encontrará, pero la obstinación transforma la adversidad en el incentivo que le hará conectar lo que fue y lo que está por venir. Restableciendo los caminos de la memoria, el recordador reconstruye los hilos del destino, reconstruye las marcas del tiempo y engendra una comprensión de la sustancia social de la historia.

Se ha vuelto común decir que "los brasileños no tienen memoria", quizás por eso todavía sorprende cuando sale a la luz un libro biográfico que muestra el retrato de un personaje y su época. En el presente caso, la mayor sorpresa es comprobar que el mayor Manoel Vianna de Carvalho, protagonista de una brillante carrera militar, la vio eclipsada por su fructífera actividad como divulgador espírita, que podría borrarse con el tiempo si no fuera así, por la oportuna iniciativa de Luciano Klein Filho de biografiarlo.

Alineados con los grandes pioneros del Espiritismo en la Patria del Cruzeiro, solo ahora, con este exhaustivo trabajo del historiador Luciano, podemos tener la dimensión real de su importancia para la implementación de la consoladora Doctrina de los espíritus en nuestra tierra, ya que, desde luego, mucho fuimos conscientes de los pocos y pálidos pasajes de Vianna.

Nos encontramos en la era de la reproducibilidad técnica, cuando medios como el vídeo, el CD-ROM, la fotografía, las grabadoras, las computadoras y otros permiten almacenar cantidades inconmensurables de datos e información en espacios reducidos y para un número incalculable de personas. Estos recursos son recientes y sus efectos son comparables, en la historia de la Humanidad, a la invención de la imprenta por Guttemberg. En el futuro, la tarea del historiador sin duda se facilitará, pero no se eliminará. Los registros serán más fáciles, el material disponible será más abundante, Internet le permitirá salvar las suelas de sus zapatos. Pero tengo aquí una reflexión: ¿toda esta tecnología no hará que la tarea del autor de memorias sea muy fría, lejos de analizar y comprender el pasado? La comodidad del gabinete permitirá, en el futuro, ¿la implicación del recordador con el objetivo de su investigación? ¿Está expuesto a esta deliciosa vulnerabilidad, a esta sana complicidad entre el conservador de la memoria y su biógrafo?

Fueron reflexiones como estas las que nos llevaron al leer este Tribuno de Icó. Y no nos referimos a los méritos de la investigación y detalles a los que acudió su autor. Naturalmente valoran el trabajo. A lo que nos referimos es a la agradable simbiosis que sentimos como lector entre biógrafo y biografiado, la compenetración y afinidad que emerge entre uno y otro con cada página que avanza el libro. Luciano se apodera de los recuerdos de la edificante vida de Vianna de Carvalho y los transporta con emoción y ligereza al papel, sin que se conviertan en meros registros de almacenamiento del pasado. Y así, el viaje al pasado de este pionero del Espiritismo en Brasil se convierte en una reconstitución emocional y, al mismo tiempo, de gran utilidad para quienes saben valorar la preservación de su memoria.

Según nuestra cita inicial, esperamos que "el hermoso caballo que Luciano sacó del bloque de piedra" no sea el último, porque el movimiento espírita carece de historiadores, y de acceso a la esencia del pasado, a la experiencia de nuestros precursores, no debe ser visto como un culto a ellos, sino como un recurso adicional en la difusión de la doctrina espírita.

Sigue, Luciano, sigue.

Eduardo Carvalho Monteiro

BAJO LAS LUCES DEL ESPIRITISMO

Cuando un heraldo del bien, que se propuso encarnar en el mundo de los hombres para asumir la dura tarea de difundir las verdades eternas contenidas en el Evangelio de Cristo, adoptó las luces del Espiritismo como hoja de ruta acertada y segura, superando todos los obstáculos, superando las etapas después de cada servicio trazado y programado, cumpliendo plenamente toda la misión que le ha sido encomendada, regresa al mundo espiritual, las potencias celestiales se mueven, por encima del entendimiento humano, para recibir, con alegría, a quien ha ganado su recompensa inmortal, quien ha acumulado el tesoro del cielo, que los ratones no roen, que el orín no consume y que los ladrones no roban. Oh, felicidad de la felicidad, que existe mucho más allá del pensamiento común de los hombres, que olvidan a sus héroes y a sus homenajeados.

Por eso, cuando el hombre bueno, predicador del cristianismo resucitado, ejemplificador y testificador de Cristo, es, de alguna manera, recordado en medio de la sociedad humana, nosotros, sus amigos espirituales, que somos testigos de sus esfuerzos y también sufrimos sus mismas obras, nos reunimos para agilizar en la mente del investigador todos los matices posibles a recordar, los buenos ejemplos que inducen a la paz y a la verdad. Hablamos al oído de muchos que parecen extraer de sus reminiscencias mentales imágenes y conversaciones útiles que hacen referencia a las hazañas heroicas del vencedor; otros, escuchando nuestras voces, abren viejos baúles y, sin saber por qué, buscan documentos esclarecedores que han envejecido con el tiempo y que, como por una especie de "milagro", acaban en manos del atento investigador. Hacemos esto, no para alentar vanidades, sino para que la presencia de la personificación del bien, del ejemplo de la caridad, reviva nuevamente entre los hombres, indicando nuevas direcciones a los corazones necesitados de estímulo y coraje moral.

El alineamiento preciso, la palabra correcta, la exactitud doctrinaria llegan desde nuestro espíritu al alma del investigador, en una tarea que le resulta agotadora, pero que se vuelve placentero por la presencia amiga que lo rodea a cada paso, dándole la fuerza necesaria para continuar sin debilitarse. He aquí ahora, para nuestra alegría renovada, la misma felicidad que nos conmovió a todos nosotros, amigos, cuando volvimos a la dimensión espiritual del líder espiritista, vencedor, pacificador de corazones, adoctrinador y orador por excelencia. Porque es su figura la que vuelve a la memoria de los hombres, reviviendo todos sus esfuerzos como ejemplo de verdadero cristiano. Y con esta alegría seguimos, desde el inicio, esta recuperación histórica del bastión espírita de Icó, uno de los que nos apoyaron en nuestras tareas, cuando algunos de nosotros también estábamos en el mundo, superándonos, tratando de avanzar en las profundidades de las contradicciones humanas.

El dedicado segador ofrecía muchas veces su propio campo de trabajo a otros compañeros que se veían desplazados y discriminados de sus campos por la codicia humana, a veces por sus propios compañeros de trabajo, que se decían hermanos y que eran incapaces de comprender el alcance de la tarea del pionero y misionero. En otras ocasiones, algunos de nosotros fuimos guiados y evangelizados por sus palabras confiadas que señalaban nuevos rumbos para obtener la dignidad de ser considerados hijos de Dios.

Que todos sepan que la gratitud de quienes reciben el apoyo y la luz de la iluminación, que nace de los corazones sinceros, aquí en nuestras dimensiones espirituales, es como una fuente de amor que brilla por el corazón heroico que proporcionó todo el bien posible. Mientras en la Tierra los baluartes de la Buena Nueva, los apóstoles sinceros, reciben la ingratitud, la incomprensión y el deshonor engañoso, aquí reciben toda esperanza, contenida en los espíritus agradecidos que imploran a Dios las más divinas bendiciones para el trabajador que bien sirvió. en el campo cristiano.

En esta oportunidad en que se materializó en palabras la vida y la obra del campesino espírita, el soldado de Cristo, el atleta del Espiritismo en tierras brasileñas, la gratitud y el reconocimiento se expanden de nosotros, que pedimos las luces de Dios, y las manos del Espíritu de Verdad se sustentan en este testimonio del escriba moderno, que, cristianizado, cuenta la historia de un hombre bueno, volcado en el servicio de sembrar un cristianismo revivido en las tierras fértiles de los corazones brasileños. Son nuestras palabras, en esta oportunidad, de gran significado, de recordar un ejemplo cristiano que trabajó bajo las luces del Espiritismo.

Amigos y compañeros de Vianna (entre ellos: Ignácio Bittencourt, Jerônymo Ribeiro, Leopoldo Cirne, Pedro Richard, Bezerra de Menezes, Francisco Peixoto Lins, Militão Pacheco, Anália Franco, Cairbar Schutel, Pedro Lameira de Andrade, Batuíra, Juvenal Galeno y Ramiro Gama).[1]

---

[1] Mensaje psicografiado durante la reunión mediúmnica del Círculo de Investigaciones Espíritas, en Vitória, el 13 de abril de 1999, y dirigido al autor después del envío de los manuscritos del libro Vianna de Carvalho, o tribuno de Icó a su amigo Lamartine Palhano Jr.

INTRODUCCIÓN

Hace casi cinco años encontramos, en la Biblioteca Pública Menezes Pimentel, en Fortaleza, una serie de artículos de Vianna de Carvalho, publicados en periódicos locales, en 1910 y 1911.

Al leerlos, quedamos profundamente conmovidos por la valentía del columnista y su inmenso amor por el Espiritismo, declarado públicamente en los periódicos seculares, en un contexto caracterizado por el prejuicio y la intolerancia clericales.

Quedamos profundamente impresionados por la vida de este ilustre compatriota. Entonces decidimos informarnos sobre su biografía y con tristeza observamos que había poca. Es más, Vianna de Carvalho fue para muchos espíritas, hoy, particularmente en Ceará, un nombre poco conocido, a pesar de los múltiples mensajes recibidos mediúmnicamente por Divaldo Pereira Franco.

De hecho, lo que hace actualmente Divaldo, lo hizo Vianna, en su época, con mayores dificultades. Era un mago de las palabras, capaz de concretar, a través de palabras elocuentes, los más delicados matices del pensamiento. Recorrió casi todo el país, en un intenso servicio de propagación doctrinaria. Su oratoria fue considerada incomparable, y al final de las conferencias recibió una gran ovación y fue colmado de flores que el público le arrojó.

Nos parece inaceptable que no exista un libro biográfico sobre un personaje tan importante en la historia del Espiritismo y decidimos profundizar nuestros estudios y aceptar este emprendimiento. Las dificultades fueron muchas. Prácticamente no hubo contemporáneos suyos, ya que había fallecido en 1926. Además, sin condiciones, no hubiéramos podido salir de Ceará para recolectar datos en otros estados. En vista de esto, comenzamos a mantener contactos epistolares y telefónicos con amigos espiritistas en Brasil, lo que nos permitió recopilar un rico material de investigación.

Durante la realización de esta obra, no dejamos de pensar en Vianna de Carvalho ni un solo día. Curiosas y extrañas circunstancias no nos permitieron olvidarlo. Actualmente enseña en el Colegio Militar de Fortaleza, sucesor de la Escuela Militar de Ceará, donde estudió y conoció el Espiritismo. Viviendo en el centro de la ciudad, a la vuelta del Colegio Militar, pasamos por el fuerte donde se ubica la 10ª Región Militar y que, en los años 20, albergaba el 23º Batallón de Cazadores, del que él era comandante. Siguiendo este camino, siguiendo la Rua 24 de Maio, encontramos la casa donde vivía. Nuestra residencia está ubicada en Ma Teresa Cristina, entre el actual Mas Senador Alencar y São Paulo, exactamente en la misma cuadra donde, en la calle paralela Princesa Isabel, se encuentra la sede de la Federación Espírita del Estado de Ceará, en el mismo lugar donde funcionaba el Centro Espírita Cearense, fundado por Vianninha, en 1910. Y, como si fuera poco, para ir a casa de mi suegro, en el barrio de Monte Castelo, cruzamos Ma Vianna de Carvalho... Así que no había forma de olvidarlo.

En esta biografía, organizada de manera didáctica, el lector encontrará, en cada capítulo, abundante documentación utilizada en el desarrollo de los temas. Estos documentos - cartas, actas, notas, libros, artículos periodísticos, declaraciones, fotografías, etc. -, permitirán al lector la oportunidad de mantener un contacto más directo y vibrante con los acontecimientos de la época y sentirse, como si retrocediera en el tiempo., el entorno en el que Tribuno de Icó vivió y cantó las excelencias del mensaje de los espíritus reveladores. La realización de este trabajo solo fue posible gracias a la cooperación de colegas de todo Brasil, cuyos nombres mencionamos al inicio de este trabajo. Sin embargo, cuatro personas destacaron y merecen nuestro eterno agradecimiento: mi padre, mejor amigo y alentador; Marcus Venicius Monteiro, valioso hermano del Centro de Documentación Espírita de Ceará, que pacientemente 'perdió' vacaciones y fines de semana, criticando y mecanografiando los documentos. escritos; y dos queridos cohermanos, grandes investigadores del movimiento espírita, Eduardo Carvalho Monteiro, de São Paulo, y Lamartine Palhano Filho, de Vitória, quienes, además de estímulo, aportaron documentación de inestimable valor.

Luciano Klein Filho.

Fortaleza, 18 de abril de 1999.

CAPITULO I NACIMIENTO

1. *El escenario de llegada*

En las últimas décadas del siglo XIX, el mundo vivió uno de esos momentos en los que las manecillas del reloj de la historia parecían avanzar más rápido, porque surgían nuevos inventos, nuevas situaciones desafiaban la imaginación, hervían nuevas ideas, emergían nuevos personajes en la política. Luchas, nuevos problemas también requerían nuevas soluciones...

En este contexto, Brasil estuvo marcado por importantes acontecimientos políticos, sociales, económicos y culturales. El país experimentó, gracias a la acción empresarial del Vizconde de Mauá, su primer gran auge industrial; los movimientos abolicionistas y republicanos cobraron nuevo impulso; la cuestión religiosa sacudió los cimientos de la relación entre la Iglesia y el Estado; el Espiritismo comenzó en Bahía, a través de la obra heroica de Luís Olympio Teles de Menezes quien, en 1869, publicó *El Eco del Más Allá de la Tumba*, nuestro primer periódico espírita.

A pesar de estos múltiples e importantes hechos, solo muy lentamente la nación abandonó las antiguas estructuras y hábitos coloniales.

Graciliano Ramos ("Pequeña Historia de la República." En *Alexandre y otros héroes*, pp.157-8) nos pinta, con su inconfundible estilo literario, un cuadro perfecto del país, en esta fase final del siglo:

> (...) Brasil era muy diferente de lo que es hoy: no teníamos Cinelândia ni rascacielos; los tranvías eran tirados por burros y nadie conducía un coche; la radio no anunció el encuentro de Flamengo con Vasco, porque nos faltaba radio; en el Ferrocarril Central del Brasil murieron pocas personas, ya que los hombres, al ser escasos, viajaban

escasamente; estaba el cerro Castelo, y Rio Branco no era una avenida, era un barón, hijo de un vizconde. El vizconde había sido ministro y el barón fue ministro más tarde. Si no se llamaran Rio Branco, la avenida tendría otro nombre.

El Amazonas, la cascada Paulo Afonso y los bosques de Mato Grosso se comportaron como lo hacen hoy. Pero los ferrocarriles eran cortos y las carreteras casi desconocidas porque faltaban ruedas. En los lugares actualmente recorridos por el camión, la carreta de bueyes avanzaba, pesada y lenta.

Poco lujo en las capitales, necesidades reducidas en el campo. Las pequeñas ciudades escasamente pobladas del interior ignoraron la iluminación eléctrica y los bares. Este sería el escenario que encontró Vianna de Carvalho al reencarnar.

2. Nueva cruzada

En conferencia pronunciada en el Club Militar de Río de Janeiro, el 10 de diciembre de 1974, cuando se celebraban los treinta años de la Cruzada Militar Espírita y el centenario del nacimiento de Vianna de Carvalho, el médium y orador Divaldo Pereira Franco, hablando sobre la vida del cumpleañero, mencionó:

> (...) 1874, setenta años después de Allan Kardec, marca la llegada a la Tierra de un héroe de las antiguas cruzadas, de un marinero procedente de las tierras ensangrentadas de Saladino; de uno de los que fueron a defender la tumba vacía de Jesús, pero que ahora regresa para proclamar la indestructibilidad del Cristo, que no necesitaba un mausoleo, porque su mensaje es un eterno poema de inmortalidad (...)[2]

En esta narración, Divaldo, privado de la amistad del espíritu Vianna de Carvalho desde hace años, da una pista sobre el

---

[2] La grabación de esta conferencia nos fue proporcionada amablemente por el Sr. José Varella Neto, de Río de Janeiro.

pasado espiritual de su amigo. Vianna habría formado parte del movimiento cruzado medieval, en la lucha demencial contra los turcos selyúcidas, en el deseo de liberar la región donde, creían, se ubicaría la tumba de Jesús. Siglos después, atraído una vez más por la lucha de las reencarnaciones, estando en otro nivel de conciencia, regresa para emprender una "nueva cruzada", una "santa cruzada", mediante la cual llevaría el mensaje de la Buena Nueva Espírita a los más rincones lejanos de Brasil.

3. Registro de nacimiento

Manoel Vianna de Carvalho nació en Icó, Ceará, el 10 de diciembre de 1874. Era hijo de Tomás Antônio de Carvalho, profesor de música y lengua portuguesa de la Escuela Normal y del Liceo de Ceará, y doña Josepha Vianna, mujer de raras virtudes.

El libro de liquidación (n° 41) de la Iglesia Matriz de Nuestra Señora de la Expectación[3], edificio que dio origen a la ciudad de Icó, en 1726, registra, en la página 124, las siguientes declaraciones sobre el baptisterio de Vianna:

> El siete de enero de 1875, en Matriz, bauticé a Manoel, nacido el diez de diciembre de 1874, con los santos óleos, hijo legítimo de Tomás Antonio de Carvalho y Josefa Vianna.
>
> Los padrinos fueron José Joaquim Souza Ribeiro y Tereza Barboza Vianna. Para que conste, hice redactar este documento. Vicario Manoel Francisco da Frota.

4. Icó - breve historia

Cronológicamente, Icó fue el tercer municipio creado en Ceará, después de Aquiraz y Fortaleza. A trescientos setenta y cinco kilómetros de la capital de Ceará, el municipio de Icó (antes Arraial de Nossa Senhora do O) está situado en una llanura de tierras boscosas en el interior del río Salgado, en el valle de Jaguaribe.

---

[3] Este libro se puede encontrar hoy en la Curia Diocesana de Iguatu, en Rua Eduardo Lavor, 475, Iguatu, Ceará.

Región de clima cálido y seco en verano y templado en invierno, se limita al norte con los municipios de Orós, Jaguaribe y Pereiro; al sur con Umari y Lavras da Mangabeira; al este con Rio Grande do Norte y Paraíba; al oeste con Iguatu y Cedro.

Icó es una palabra de origen indígena y significa agua o río del campo, y también es el nombre de una tribu de la nación Cariris, que habitó la región.

En una posición geográfica privilegiada, Icó experimentó un rápido desarrollo comercial en el último siglo, convirtiéndose en el mayor emporio comercial de la región. Sus relaciones con la ciudad de Aracati (CE) se volvieron intensas, utilizándose más de mil carretas de bueyes para transportar mercancías entre ambas localidades. A través de él se realizaron todos los negocios y relaciones entre las provincias de Pernambuco, Bahía, Paraíba, Rio Grande do Norte, Piauí y las zonas sur y centro de Ceará, mereciendo así a la ciudad el título de "La Princesa del Sertão."

La prosperidad de los ganaderos y los empresarios empezó a influir en el paisaje de la ciudad, con la construcción de hermosas iglesias y famosas casas cubiertas de tejas. Había un gran lujo, riqueza y cultura desarrollada como en las grandes ciudades, porque muchos jóvenes ricos iban a estudiar a las mejores universidades europeas.

Después de la opulencia, viene la decadencia. Tras un terrible brote de cólera que arrasó la ciudad, diezmando la población, vino la gran sequía de 1877 a 1879, considerada una de las peores de nuestra historia. La sequía acabó con los rebaños y se cobró cientos de vidas debido al hambre y las enfermedades. Bajo el gran flagelo, Icó perdió el liderazgo de las fortunas económicas de la región. Sus gentes; sin embargo, seguirían trabajando duro en las siguientes décadas, extrayendo, como podían, los frutos de la tierra y luchando por devolver al municipio el lugar que históricamente les había pertenecido.

Como resultado de la devastadora sequía de 1877, los Carvalho, así como cientos de familias migrantes, emigraron a la capital provincial para rehacer sus vidas.

5. Los Carvalho

La familia Carvalho es una de las más antiguas y tradicionales de Icó. Uno de sus miembros, el profesor Tomás Antonio de Carvalho[4], hombre de vasta cultura, pero de humildad franciscana, se casó con doña Josefa Viana. De esta unión nacieron los niños José, Manoel y Alice.

Sin embargo, a principios de los años 80, doña. Josefa falleció, dejando al profesor Tomás con sus tres hijos adolescentes. En 1888 contrajo segundas nupcias con doña María Ricardina de Carvalho, que comenzó a cuidar a los huérfanos maternos como a sus propios hijos, dándoles nuevos hermanos: Tomás, Waldemar, Gontran, Lélia, Alda y Renato.

De la familia, solo Manoel - Manu (hipocorístico de Manoel), como era tratado en la intimidad del hogar - abrazaría el Espiritismo. Todos; sin embargo, simpatizaban con la Doctrina y, repetidamente, participaban de reuniones fraternales en instituciones espiritistas de Fortaleza o de otros estados. Alda, por ejemplo, una médium de amplios recursos, frecuentaba, desde hacía algún tiempo, un Centro Espírita en la ciudad de São Paulo.

6. El niño Manu

Obtuvimos poca información sobre la infancia de nuestro sujeto. La poeta María Augusta Guimarães dos Reis, prima segunda de Vianna, nos contó que su tía abuela "Mãe Teté", apellido de Tereza Barboza Vianna,[5] hermana de doña Josefa y madrina de Manu, nos había dicho que ella desde pequeña, a su ahijado le gustaban las prácticas espirituales y tenía la costumbre

---

[4] El profesor Carvalho tenía el grado de mayor de la Guardia Nacional. Fue presidente del Ayuntamiento de Fortaleza a principios de siglo. Según su hijo Renato, fue el pionero de la alfabetización de adultos, manteniendo una asociación contra el analfabetismo.

[5] Doña Tereza Barboza Vianna, tras la muerte de Doña Josefa se convirtió en la madre adoptiva del niño Manu. Murió soltera a una edad avanzada, en los años 50. Vianna, hasta su muerte en 1926, le enviaba periódicamente una cierta cantidad de dinero.

de arrodillarse frente al altar de madera de la habitación de su madre y orar durante mucho tiempo, el tiempo suficiente para derretir una vela de cera de carnauba.

Según María Augusta, cuando doña Teresa se enteró de la conversión de su ahijado al Espiritismo y, casi sin consuelo, lloró profusamente. Y, oportunamente, le preguntó cómo había dejado de ser cristiano, a lo que Manu, con voz firme pero afectuosa, respondió: ¡No! Por lo contrario; después de hacerse espiritista, se volvió mucho más cristiano que antes.

7. *Descenso*

La relación entre los hijos y nietos del Profesor Tomás Antonio de Carvalho quedó constituida de la siguiente manera:

Del primer matrimonio:

1. José Vianna de Carvalho (1873-1956), casado con Juliana Perdigão Penna de Carvalho, tuvieron un hijo llamado Hermenegildo.

2. Manoel Vianna de Carvalho se casó con Dometília Paiva de Carvalho en 1902. Según un relato de Renato de Carvalho, Vianna dejó un hijo, que también siguió la carrera militar. Sin embargo, lamentablemente la familia no tiene más información sobre su existencia.

3. Alice Leonarda Vianna de Carvalho (? — 1953), casada con Joakim Manoel Carneiro da Cunha, tuvieron hijos Ornar, Eliomar, Wolmar, Dagmar, limar y Eimar.

Del segundo matrimonio:

4. Tomás Antônio de Carvalho Filho (1889-1955), casado con Luíza de Carvalho, tuvo hijos Leilah, Luciano, Leonardo y Leônidas.

5. Gontran de Carvalho (1893-1937), casado con Ernestina de Carvalho, tuvieron hijos Edith, Tomás, Irany y Tereza.

6. Waldemar de Carvalho (1895-1962), casado con la diva Amazonina de Carvalho, tuvo los hijos María de

Lourdes, María Célia y Alberto. Al morir su esposa, se casó con María de Lourdes Barbosa, y de esta unión nacieron sus hijos Ana Diva, Haydée María y Waldemar.

7. Lélia de Carvalho (1898 —1976), casada con Sebastião de Abreu (1880-1964) —hermano del historiador Capistrano de Abreu—, tuvieron una hija llamada Margarida.

8. Alda de Carvalho (1900 - 1991), casada con su sobrino Ornar Carneiro da Cunha, tuvo hijos Joaquim Manoel, Lélia, Tomás Antonio, Dagmar y María.

9. Renato de Carvalho (1904-1996), casado con Margarida de Carvalho, tuvo hijos Renato Lucius y Sílvio.

CAPÍTULO II
LOS ALFABETIZADOS

1. *Efervescencia cultural*

La transición del siglo XIX al XX fue uno de los períodos de producción intelectual más fértiles y diversos de la historia de Brasil. En esa época florecieron varios géneros literarios y se multiplicaron los instrumentos e instituciones de la vida cultural, como periódicos, revistas, clubes, gremios, etc.

Fue el período en el que el romanticismo dio paso al realismo, el parnasianismo y el simbolismo, aunque muchos aspectos del romanticismo se conservaron en nuevas corrientes literarias.

Para reforzar esta diversidad cultural, también hubo estudios históricos, ensayos críticos filosóficos y literarios, y descripciones y análisis de Brasil por parte de estudiosos extranjeros.

Ceará, en ese momento, también vivió su momento de efervescencia cultural, proyectando en el mundo de las letras algunos nombres que se convirtieron en exponentes de la literatura brasileña.

La evolución de las letras en la "tierra de Iracema" se produjo, casi siempre y predominantemente, en torno a asociaciones, academias y gremios, con énfasis en la "Academia Françesa", el "Club Literario", la "Panadería Espiritual", la "Academia Cearense" y el "Centro Literario."

Vianna de Carvalho participó de este movimiento, aportando su contribución a la historia de las letras en Ceará. Fue poeta y prosista, trabajando en la Escuela Militar de Ceará y en el Centro Literario.

2. La Escuela Militar

La obra intelectual de Vianna se inició en 1891 en la Escuela Militar do Ceará, institución histórica que tuvo un profundo impacto en la sociedad de Fortaleza.

La Escuela Militar trajo a Ceará un intenso movimiento de actividades en el campo cultural. La convivencia de jóvenes talentosos fue un gran estímulo para la juventud cearense, tradicionalmente proclive a fundar periódicos, cultivar la poesía y actividades similares.

De su alumnado se distinguieron: Ulisses Sarmento, Aníbal Theófilo, Alípio Bandeira, Marcolino Fagundes, João Barretto, Graco Cardoso, Solfieri Albuquerque, Álvaro Bomílcar, Antônio Ivo, Carvalho Lima, Francisco Barretto, Alfredo Severo, Luiz Agassiz, Manoel Poggi, Flávio Belleza, José da Penha y Vianna de Carvalho.

Destacamos, entre los periódicos y revistas escritos por los cadetes, el periódico Silva Jardim, científico, literario y crítico, publicado el 10 de noviembre de 1891, y la revista *Evolución*, también crítico, literario y científico, publicado el 20 de julio de 1893. bajo la escritura de los estudiantes Vianna de Carvalho, Leite Barredo, Luiz Agassiz, Flávio Belleza, Cortês Guimarães, Francisco Barretto, Eutychio Galvão y José da Penha, que tenía como lema las palabras de Joseph de Maistre: "Nada que sea grande comenzó grande."

Data de esta fase, cuando estos intelectuales uniformados, ávidos de nuevos conocimientos, importaron de Europa las revelaciones culturales más recientes, la iniciación de Vianna de Carvalho al Espiritismo. Siendo joven, con apenas diecisiete años, quedó deslumbrado por los presupuestos filosóficos de la doctrina sistematizada por Allan Kardec y, junto con otros compañeros, instaló, en 1891, en su propia escuela, una Revista *"Evolución"* creada por los cadetes de la Escuela Militar de Ceará, núcleo de estudios espíritas, convirtiéndose en su más entusiasta propagandista.

3. El centro literario

La proyección del nombre de Vianna de Carvalho en las letras de Ceará ocurrió, efectivamente, a través del Centro Literario. Fundado el 27 de septiembre de 1894, en Fortaleza, este importante gremio se caracterizó por romper con la fugacidad de la mayoría de las asociaciones culturales de ese período, pues logró mantener una revista, *Iracema*, creada en 1895, y la publicación de varios libros.

Según la historiadora Dolor Barreira (*Historia de la literatura de Ceará*, I Tomo, pp.226-7)

> (...) fueron sus socios fundadores: Juvenal Galeno, Vianna de Carvalho, Temístocles Machado, Pápi Junior, Álvaro Martins, Luiz Agassiz, Pedro Moniz, Alves Lima, Otacílio de Oliveira, Ulisses Sarmento, Bonfim Sobrinho, Alfredo Severo, Jovino Guedes, Quintino Cunha, Frota Pessoa, Alcides Mendes, Farias Brito, Rodolfo Teófilo, José Olympio, Francisco Barretto, João Barretto, Tancredo de Melo, Eduardo Saboia, Bruno Saboia, Almeida Braga y Belfort Teixeira.
>
> Posteriormente, formaron parte del Centro: Justiniano de Serpá, Antônio Bezerra (sobrino de Adolfo Bezerra de Menezes), Rodrigues de Carvalho, Francisco Carneiro, Fernando Weyne, Guilherme Studart (el barón de Studart), Fiúza de Pontes y otros.

A los diecinueve años, el nombre Vianna de Carvalho se destacó entre los nombres legendarios de la cultura alencarina. Su excepcional inteligencia, combinada con una precisa sensibilidad, le hicieron admirado y respetado por sus compañeros.

El diario *La República*, en su edición del 19 de noviembre de 1894, al informar sobre las incipientes actividades del Centro Literario, destacó la obra del joven poeta:

> (...) Este simpático grupo de jóvenes literatos se reunió ayer en las salas del Clube Euterpe. La sesión fue muy animada y se leyeron diferentes obras: extractos de novelas, poemas, versos, estudios críticos, etc. (...) Entre las

producciones leídas, recordamos las siguientes: *Presente* (versos), de Frota Pessoa; *Cartero de bomberos y paisaje pintoresco*, de Quintino Cunha; (...) *La lección de italiano* (fragmento de un libro íntimo), *Nevroses e Olheiras*, de Vianna de Carvalho. A Lección de italiano, de Vianna de Carvalho, de las obras que leímos fue la que mejor impresión nos causó por el sentimiento profundo que contiene cada estrofa, sí, en cada estrofa, porque La lección de italiano es una herida espléndida. y balada triste. Nuestros aplausos.[6]

En un análisis crítico del estilo literario de Vianna, el juicioso escritor José Rodrigues de Carvalho (Revista de la Academia Cearense de Letras, tomo IV 1899) opinó:

> (...) Escribe con verdadera profusión de estilo, dando contornos a la frase como los danzeladores griegos al mármol. La palabra, al servicio de su extraña imaginación de artista, tiene vibraciones sonoras y al mismo tiempo ásperas, como el sonido de vasos de cristal chocando entre sí. Idealista, sus producciones literarias son fantasías soñadas en el plano intangible de un poeta que aspira a habitar un mundo desconocido (...).

Vianna participó activamente en el Centro Literario hasta 1895, cuando se trasladó a la Escuela Militar de Praia Vermelha, en Río de Janeiro. Sin embargo, mantuvo sus vínculos con la asociación e, incluso a distancia, hizo publicar sus trabajos en las revistas del Centro.

De regreso a Fortaleza, en 1910, participó nuevamente del movimiento literario local, formando parte del Centro Calíope, fundado en 1908, cuando, junto a Antônio Teodorico y Leonardo Mota, formó parte de la redacción de *Jangada*, revista de la institución, creada en 1909.

---

[6] Ver *La lección de italiano* en el Capítulo XIV.

4. *Carillas*

Su primera obra literaria, publicada en Porto Alegre en 1898, fue *Facetas*, obra que, según Baron de Studart (Diccionário Bióbibliográfico Cearense, Vol.2, pp. 364-5), fue "bien recibida por los hombres de letras" y por la prensa, habiendo salido de la imprenta de Agência Literária, 261, rua dos Andradas, Porto Alegre."

Sobre el libro, *La República*, el 30 de abril de 1898, publicó la siguiente reseña:

> (...) Nuestro talentoso compatriota Vianna de Carvalho, estudiante de la Escuela Militar de Porto Alegre, acaba de recopilar sus cuentos – fantasías - en un hermoso volumen de cien páginas, bajo el elegante título *Facetas*.
>
> Escritos en un estilo vigoroso y noble (...), los cuentos de Vianna de Carvalho atraen por su extraña narración, la novedad de su concepción y, en parte, también por la ligereza del tema, formando así una delicada colección de bellos y agradables producciones literarias y recreativas. No siguen precisamente un método riguroso en la realización, ni una escuela de Arte definida. (...) Felicitamos al señor Vianna de Carvalho por su prometedor debut, verdaderamente digno de merecidos aplausos y elogios por parte de quienes se interesan por la suerte de las letras en nuestro país.

Esta nota provocó una sorpresiva manifestación de la junta directiva del Centro Literario quienes, en una carta al director del diario, exigieron que *Facetas* fuera destacada como una publicación de su biblioteca. La carta, fechada el 5 de mayo de 1898, fue publicada íntegramente en la edición del día siguiente de *La República*.

"Ilustre editor de La República:

> En la hermosa nota bibliográfica que tuvo la amabilidad de hacer para el librito *Facetas*, de Vianna de Carvalho, olvidó decirle que esta obra es subsidiaria de la modesta Biblioteca del Centro Literario de Ceará.

La reparación, por supuesto, les parecerá infantil, pero, no nos avergüenza confesarlo, la revelación de tal circunstancia satisfaría nuestra vanidad de ser cearenses y de ver que este compatriota nuestro, como tantos otros, lejos de la tierra, no abandona el olvido, ni rompe ninguno de los lazos que le unen a ella de sangre, alma y espíritu.

Si no fuera por el mérito de la refulgente urna de *Facetas*, ésta sería suficiente para ennoblecer la obra, ligera por cierto, pero muy delicada, del joven cearense, que, lejos de nosotros, siempre nos guarda el recuerdo de su vivido y prometedor talento."

En 1910, *Facetas* tuvo una segunda edición, publicada en Río de Janeiro. La obra, además de ilustraciones similares a las crónicas, recibió un prefacio de Carmem Dolores, seudónimo de la escritora y poeta Emília Bandeira de Melo. El autor dedicó el libro a la memoria de su madre, doña Josefa Vianna y su padre, Tomás Antônio de Carvalho, "como signo de eterna veneración, respeto y amistadoña." *Facetas* seguiría recibiendo elogios de la crítica, como podemos atestiguar en una reseña publicada en *La República*, el 20 de julio de 1910.

(...) La obra de nuestro inteligente compatriota no necesita halagos calculados, conocido, como es, en nuestros círculos literarios, el nombre del autor. De hecho, Vianna de Carvalho proviene de una época fértil de la literatura en Ceará, y sus debuts se remontan a la época del Centro Literario, del que fue, sin duda, una figura destacada. De los periódicos coetáneos a este movimiento intelectual, fue un joven talentoso que fue asiduo colaborador, escribiendo sus interesantes fantasías en el género Cátulo o Rapsodias, muchas de las cuales, junto con otras inéditas, se pueden encontrar en *Facetas*. Es un género delicado que prefería nuestro paisano, lectura ligera y agradable como un perfume sutil...

Son, ciertamente, muy pocos los que, habiendo incursionado en este género literario, se han dado a la tarea, no tan fácil como parece, de sintetizar el sentimiento en estas miniaturas de cuentos, una especie de poema en prosa que, como flores más deliciosas, cuyo aroma es tanto más apreciable a medida que desaparece, solo se marchitan, se deleitan con su encanto sumario, que, después de leerlo, queda grabado en nosotros...

Las *Facetas* son, además, un volumen delicioso, bien impreso, con espléndidas ilustraciones similares a la trama; y, como casi todo el libro está, delicadamente, lleno de las gracias amorosas de una pasión etérea, parece que su lectura debería encantar a quienes se encuentran en esta feliz estación de juventud y esperanza...

5. Colores y modulaciones

Otro libro suyo fue *Coloridos y modulaciones*, publicado a principios de la década de 1920.

Un volumen de ciento diecinueve páginas, reunía breves extractos de prosa, compuestos y publicados escasamente, en diferentes épocas. La revista *Reformador*, de la Federación Espírita Brasileña, en la edición del 18 de mayo de 1923 comentaba sobre la obra:

> Fue un feliz recuerdo del querido compañero que, en el mismo paso que enriqueció nuestra digna bibliografía, regaló a los amantes de la buena lectura el disfrute de una hora, tan suficiente para el pequeño volumen que nos ocupa, de descanso espiritual, acompañado mediante meditaciones saludables.

Porque, un pensador cuya atención está siempre puesta en los grandes problemas del origen, de la vida y del destino del hombre, problemas a los que el Espiritismo vino a dar solución completa, levantando gran parte del velo que nos impedía conocer los misterios del reino de Dios. Mientras meditaba, Vianna de Carvalho ciertamente trazó las páginas ahora agrupadas en un libro. Quien los lee, especialmente si conoce la Doctrina que profesa y difunde, pronto siente que representan los fuertes rasgos que dejaron en él profundas meditaciones (...)

Fascinado aquí por el color de una escena natural; atraídos por las modulaciones del dulce canto que esta misma naturaleza canta continuamente en honor del Creador y escuchándolos con los oídos del alma, siempre seducidos por las armonías de lo bueno y lo bello; herido, un poco más, por las disonancias con las que tanto

El corazón perturba a menudo este prodigioso concierto en el que vive el universo entero; más adelante, contemplando escenas y cosas que le recordaban días de otros tiempos de su propia vida (...) de todo, Vianna extraía una enseñanza que lo edificaba, que vigorizaba su creencia, al mostrarle, de momento en momento, más sólido en sus cimientos (...)

Y aquí, nos parece, cómo se vio inducido a producir estos destellos deslumbrantes, que son los *Colores y modulaciones*, donde, si no encuentran nada que les agrade, aquellos que solo se deleitan con los ricos escritos de las palabras elegidas de un refinamiento literario excepcional, pero vacío de sustancia, lo encontrarán en gran medida aquellos que, no contentos con pequeñas idealizaciones mundanas, aprecian un ideal elevado como razón de su existencia y desprecian nada que pueda contribuir a la realización de este ideal.

Por nuestra parte, por eso nos sentimos más cerca de lo segundo que de lo primero, nos deleitamos leyendo Coloridos e modulaciones (...)

6. *Un gran amigo*

En la relación con sus compañeros del Centro Literario siempre contó con el respeto y la admiración de todos, dados los nobles sentimientos que poseía, especialmente la fraternidad, marca de su carácter.

Entre los amigos que hizo, uno mereció un lugar especial en su corazón:

1 el poeta Pedro Moniz[7] - secretario del Centro Literario, editor y gerente de la revista *Ceará Ilustrado*, en el que también colaboró Vianna.

Confesor y consejero de Pedro Moniz, fue el responsable de su conversión al Espiritismo.

En el año del traslado de Vianna a Río de Janeiro, Pedro Moniz le rindió homenaje con un soneto publicado en la revista *Iracema*, en febrero de 1895. En él se puede ver la importancia espiritual de la persona homenajeada en la vida de su amigo y los que de él buscaban alivio, vuestros dolores.

Roble, Vianna de Carvalho

Conocí una vez, cuando era pequeño, un roble frondoso, un roble centenario, a cuya sombra se refugiaba el cerebro que piensa y el dolor que llora.

Cuando la luz dorada del amanecer coloreaba su fronda, como una diadema dorada, los espíritus de la luz cantaban a coro sobre el dosel iluminado. Y el dolor se fue, rogando alegría, allí buscando alivio al sufrimiento, y el cerebro se fue a la luz del pensamiento.

Venimos a ti hoy, Roble, en pensamiento venimos a pedirte la luz que irradia la luz auroreal de tu talento.

Pedro Moniz nunca lo olvidó y le rendiría homenaje por segunda vez, cuando publicó, en 1896, su libro *Versos de ayer*, dedicándole tres sonetos. Y, para sorpresa del futuro Tribuno de Icó, transformó una carta suya, en alusión a la obra, en su prefacio.

Encontramos una copia de este libro, que creemos es la única, en la biblioteca privada del bibliófilo cearense João Carlos Neto, quien amablemente nos permitió reproducirlo. Debido a la escasez de documentos, transcribimos íntegramente el mencionado prefacio.

---

[7] Pedro Moniz murió prematuramente, en 1898, a la edad de 32 años, debido a una enfermedad contraída durante un viaje al Norte de Brasil.

Revista Número I de *Ceará Ilustrado*, quien recibió la colaboración de Vianna.

"Mi querido amigo Pedro Moniz.

Al pasar la última página de tu libro inmaculado, me volví contemplativo, absorto en un anhelo azul, un anhelo casto, lleno de dulzura, acunando mi espíritu en redes doradas de sueños y luz de luna.

Me hizo bien, muy bien, leer tus *Versos de ayer*. Serena y sincera fue la impresión que me dejaron.

Tal es el efecto de un pasaje sonoro pronunciado con suaves violines, líricamente sentimentalizado con la dulzura ideal de las sonatas de Mendelsshon. Me llamó la atención la sincera sencillez, el tono ingenuo y verdadero de esta poesía espontánea, que brota del corazón, como las linfas claras y temblorosas de las verdes colinas.

Un dulce estremecimiento me sacudió espantosamente, porque las blancas alas de antiguas evocaciones cruzaron sobre mi alma nublada de nostalgia, como una bandada de palomas salvajes en un cielo invernal melancólico y bronceado.

Y, con tanto amor encarnaste en verso tus emociones, que un sugerente trabajo mental vino a mí despertando afectos ya marchitos y esperanzas marchitas, sensaciones suaves, espiritualizadas, llenas de misticismo y amor.

Un soplo de sentimentalismo idealista me atravesó estremeciéndome, como si tuviera, ante mi visión extática, el casto silencio de un alma torturada en su beatífica pureza, por las tinieblas temblorosas de la vida.

Por dentro de mi fantasía transcurrió toda la lúcida procesión de aspiraciones febriles ahora sofocadas por la dureza de la vida... asfixiadas...

Reminiscencias olorosas de infancia, impregnadas de nostalgia azul, anhelos compasivos de afectos incomprendidos que se marchitan en el exilio rebelde de lo

Imposible, oraciones llenas de recogimiento y ternura, dolores suaves... un claro rosario de inspiración humanamente viva, esto son tus versos. Quitaste todos los lirios del sentimiento que había allí. Una ilusión untuosa y serena la luz de la luna se desliza tenuemente, como el final de una apacible noche egipcia.

Sí, tu poesía sencilla es sumamente conmovedora.

Hay allí, en este anhelo compasivo por las llanuras luminosas de la belleza y la verdad, un encanto espiritualizado muy suave que recuerda el *smorzando* de un coro de mandolinas en un preludio de Bach.

Te embarcaste en el camino del sentimiento inmortal, reproduciendo con fina y rara fidelidad todas las savibratilidades de las cuerdas nerviosas que en última instancia constituyen la personalidad del artista.

Y todo ello ambientado en un paisaje auroreal, sanamente campesino, impregnado de aromas penetrantes, lleno de luz y de pájaros cantando en el aire purísimo y muy alegre.

Quizás alguien no te perdone cierto abandono encomiable de las métricas. Esta afiliación a la orgullosa independencia de la escuela de Verlaine y Móreas, por el contrario, me vincula aun más a tu libro.

El sacrificio de acentos y sílabas a la virginidad de la idea es uno de los bellos procesos del Arte Contemporáneo.

A finales de siglo se acentúa profundamente la tendencia hacia el misticismo, tanto en las especulaciones filosóficas como en cuestiones de ámbito puramente artístico. De ahí la valiente necesidad de superar los límites de las concepciones materiales e ir más allá de buscar nuevas fuentes de inspiración en un subjetivismo dulce y consolador.

De ahí se origina también la forma simbólica que dota a la poesía de un tono más elevado y humano.

El alma ya no se esconde en el resplandor brillante de imágenes retorcidas que la frialdad parnasiana logra pulir. Antes, palpita desnuda ante nuestros ojos, iluminada en la risa, oscura en las lágrimas, tranquila o febril como los trineos de Ossian...

Y así Pedro. Tu libro resonará dondequiera que haya quienes comprendan la verdadera poesía inmortal: la poesía del corazón.

Vianna de Carvalho

Río, septiembre - 1895

CAPITULO III LOS MILITARES

1. *Carrera militar*

Cuando terminó la Guerra del Paraguay; el ejército brasileño se convirtió en una de las instituciones nacionales más importantes y respetables; convirtiéndose en el ámbito de competencia entre jóvenes de diversos segmentos sociales.

Terminando la escuela secundaria en el Liceo de Ceará, Vianna de Carvalho se matriculó, en 1891, en la Escuela Militar de Ceará, obteniendo, al final de ese año, el primer puesto en el orden de conducta y mérito intelectual. A partir de entonces inició una próspera y brillante carrera, que duraría treinta y cinco años.

En 1894, fue ascendido al grado de alférez - actualmente segundo teniente. Al año siguiente, se embarcó hacia la capital federal, matriculándose en la educación superior en la Escola Militar da Praia Vermelha. En 1896 pasó a Rio Grande do Sul, donde completó el 1° y 2° año de educación superior en la Escuela Militar, completando en 1898 el curso de Estado Mayor e Ingeniería. En Río de Janeiro, en 1907, se matriculó en la Escuela de Artillería e Ingeniería. El 8 de octubre de 1908 fue ascendido a primer teniente. En abril de 1910 se licenció en ciencias físicas y matemáticas. En marzo de 1913 asumió el grado de capitán, pasando a desempeñar cargos de ayudante y ayudante del Estado Mayor de varios mandos superiores.

Relación de los cambios de Vianna, durante su estancia en la Escuela de Artillería e Ingeniería, en 1908[8].

---

[8] Edificio de la Fortaleza de Nossa Senhora da Assunção, de principios de siglo, edificio donde hoy se encuentra la X Región Militar. En la década de 1920 estuvo estacionado el 23 a.C., comandado por Vianna de Carvalho, en 1924. En estas instalaciones, de 1889 a 1892 y en 1895,

El 28 de diciembre de 1922 fue ascendido al rango de mayor, habiendo sido, en ocasiones, jefe de estado mayor en funciones del 7°. Región Militar, en Recife. En 1923 regresó a Fortaleza para supervisar el 23 a.C. En julio de 1924, comandó temporalmente este Batallón y la Guarnición Federal. De Ceará se dirigió a Aracaju, para comandar el 28 a. C., de donde obtuvo la licencia en 1926, debido al empeoramiento de su estado de saludoña

2. Al servicio del Ejército y del Espiritismo

El Ejército fue providencial en la vida de Vianna de Carvalho. Además de la estabilidad profesional, le permitió ampliar sus horizontes culturales a través de las instituciones educativas militares a las que asistió. También le permitió viajar por las regiones de Brasil, permitiéndole cumplir su misión espiritual.

Allí donde sirvió en el ejército, sirvió también a la causa espírita, como lo demuestra la noticia de su visita a Fortaleza, en 1923, publicada en el periódico *La Tribuna*, 19 de octubre.

Según un telegrama que amablemente nos fue mostrado se puede leer:

> "El ilustre ingeniero militar, Mayor Dr. Vianna de Carvalho, quien actualmente ocupa el cargo de jefe de Estado Mayor de la 7ª, debería llegar mañana a Fortaleza. Región Militar, con sede en Pernambuco.
>
> El distinguido oficial viene a nuestro Estado a cumplir un importante encargo del Ministerio de la Guerra, con intención de pasar unos días con nosotros.
>
> Vianna de Carvalho es un cearense que, por su nobleza de carácter e ilustración de espíritu, honra no solo su tierra natal, sino también a Brasil, cuya cultura es, sin favor, considerado uno de los máximos exponentes. Nombre

---

funcionó la Escola Militar do Ceará, donde Vianna descubrió el Espiritismo.

ampliamente conocido y justamente aceptado en todo el país, el gran hijo de esta tierra martirizada por la sequía es una gloria nacional.

Según dicen, el notable científico del país pretende realizar aquí algunas conferencias sobre la Doctrina Espírita, en la que él es, tal vez, la mayor autoridad. Al tomar esta noticia, tenemos el mayor placer de enviar nuestros saludos al ilustre viajero que dentro de pocas horas deberá llegar a nuestras costas."

3. Expediente Académico

Para alcanzar el título de ingeniero militar y la licenciatura en Ciencias Físicas y Matemáticas, Vianna estudió materias de las más variadas áreas del conocimiento, ampliando enormemente sus conocimientos que serían utilizados frecuentemente en ricos y eclécticos congresos. De su historia escolar enumeramos, a modo de curiosidad, algunas de estas materias: portugués, francés, alemán, historia, geografía, geodesia, química, física, cálculo diferencial e integral, metalurgia, topografía, perspectiva y sombras, lineal y dibujo en acuarela, ciencias naturales, derecho internacional, derecho militar, astronomía, etc.

4. Felicitaciones

Vianna de Carvalho prestó relevantes servicios al Ejército y al país. De su *Fe de Oficio* extraemos algunos de los elogios que recibió a lo largo de su carrera.

A través de estos, tenemos una idea de su comportamiento, carácter y acciones como soldado.

(...) Fue agradecido por el coronel Luiz Rabello de Vasconcellos, por la eficaz asistencia que de buen grado prestó a su administración, y elogiado por su perfecta conducta y el envidiable espíritu de fraternidad que sabe mantener (...)

Septiembre de 1895

El señor Mariscal Francisco de Paula Argollo, al dejar el mando del Cuarto Distrito Militar (...) declaró que era para él un deber excedente, y lo cumplió con mucho corazón, elogiándolo por la inteligente y eficaz colaboración que brindó. Le proporcionó, durante su administración, merecedor de los más francos elogios, por la inquebrantable disciplina con que siempre se demostró, y por la lealtad de su conducta (...)

Noviembre de 1902

(...) El Comando del Colegio Militar de Río de Janeiro (...) lo elogió en nombre del Presidente de la República (Rodrigues Alves), por la competencia, celo y dedicación con que ha desempeñado sus funciones (....)

Octubre de 1903

(...) Al dejar el mando del Colegio Militar de Río de Janeiro, el señor General José Alípio Macedo Castallat lo elogió por el celo, la inteligencia y la disciplina con que llevó a cabo su administración, especialmente por el afectuoso cuidado que brindaba a los jóvenes estudiantes dispensados (...)

Mayo de 1904

(...) El señor Mariscal, Ministro de la Guerra, ordenó que fuera elogiado en su nombre y en el del Presidente de la República (Afonso Pena), con ocasión del lanzamiento de la primera piedra de Vila Militar (RJ) en el correcto y disciplina con que se ha comportado el Batallón (...)

Diciembre de 1907

(...) Este comando tiene entera satisfacción en elogiar al Sr. Teniente Vianna, por el celo, competencia, dedicación y lealtad con que ha desempeñado el rol de inspector musical, esperando que complete brillantemente su carrera académica, y regrese a la convivencia con sus compañeros, donde goza, con justicia, de la estima y consideración general, por las hermosas cualidades que posee su individualidad, que reconoce, ya que tuvo la fortuna de acogerlo en el número de sus compañeros.

(...) Fue elogiado en nombre del señor Mariscal Presidente de la República (Hermes da Fonseca) (...) por la corrección, gracia y disciplina que reveló la Unidad a la que pertenece, en el desfile general realizado en celebración de la gloriosa fecha nacional de la Independencia (...)

Septiembre de 1912

(...) El señor Mayor Castello Branco, al dejar su cargo de Inspector de la Región, lo elogió por la asistencia que brindó con admirable competencia y extrema lealtad.

(...)

Junio de 1913

(...) Fue elogiado por el General Pinheiro Bittencourt, al salir del campamento de la Tercera División, por sus continuas pruebas de amor, disciplina, lealtad y vocación de servicio (...)

Febrero de 1916

(...) El Teniente Coronel Cassiano Pacheco, al hacer pública su destitución, se expresó de la siguiente manera: "Con sincero pesar veo a esta brigada privada de los invaluables servicios del Capitán Vianna, provisto de alta competencia, total lealtad e infatigable celo, que lo distingue como un oficial brillante y correcto. Agradeciendo su valiosa cooperación, lo alabo con satisfacción y expreso el alto y justo aprecio que se le tiene (...)"

Octubre de 1916

(...) Se declaró entendido en los elogios que la Cámara de Diputados brindó a las clases armadas, por la fiel dedicación con que se alzaron junto a las autoridades constituidas en defensa del orden jurídico, la Constitución de la República y el honor de la Nación Brasileña (...)

Agosto de 1922

(...) Fue elogiado y agradecido por los buenos y pertinentes servicios prestados a la obra (...) Oficial reconocido como culto, inteligente, trabajador y con absoluta moral administrativa en sus actuaciones, sabiendo combinar la integridad de sus finos modales con la energía varonil y severa con la que caracteriza sus acciones (...)

Septiembre de 1924

(...) El Teniente Coronel del 28 a.C., al dejar su cargo, lo elogió por la manera noble y caballerosa con que siempre lo ayudó en la supervisión del Cuerpo, revelando una educación civil y militar digna de toda admiración, siendo dotado de un espíritu muy cultivado y de muy buen corazón (...)

Junio de 1926

5. Un Querido Comandante

Soldado disciplinado y justo, como amaba su trabajo, siempre tuvo el respeto y la admiración de sus compañeros uniformados. Como comandante, era querido tanto por los soldados como por los oficiales superiores.

Al analizar los boletines que emitió, llamó la atención su excesiva preocupación al elogiar, además de a los altos oficiales, a los sargentos, soldados y otros empleados subalternos de las guarniciones y batallones donde sirvió y comandó.

En el Boletín de Regimiento n° 110, de fecha 16 de mayo de 1926, cuando el mando interino del 28 a C, en Aracaju, pasó al Teniente Coronel Alcebíades Miranda, comandante efectivo, escribió los siguientes elogios:

Por la eficiente colaboración y los pertinentes servicios que me prestaron con celo, interés, carácter, buena voluntad, disciplina y competencia, felicito a los Sres. Inspector Capitán Paulo Pinto da Silva Valle, 1.° Tenientes João Tavares Filho, Doctor Dr. Gilberto David, Contador Tesorero Antenor Cabral, (...) Asistente José Corrêa dos

Santos, (...) Compras Izaías Rodrigues Leite, Almacenista Acácio Benevides Falcão, (...) subordinados Érico Wehrs Tavares, Faustino Freire de Lima, Severino Dourado de Andrade, por los buenos servicios prestados a este Batallón (...)

Cumplo con un deber, destacando con el mayor mérito los servicios y buena voluntad que el disciplinado jefe de Sargentos de este Cuerpo ha impuesto durante mi gestión. El Sargento Ayudante Francisco Olyntho de Lima e Souza, destacándose, en medio de su clase, como un elemento digno, dotado de la más perfecta educación militar y por sus raros predicados morales, haciéndose acreedor de mi particular estima y de mi confianza como Comandante, observando claramente su perspicacia, inteligencia, perspicacia, celo, honestidad (...)

También elogio con mención especial a los Sargentos Archivistas Primero Nelson Luz Bispo, Sergisnando José de Souza Filho, Francisco Santiago Pereira, Antônio Ferreira de Souza, José Moraes de Almeida, Firmo Baptista Corrêa, Otávio Cavalcante Bastos (...)

Alabo también a los Sargentos, Graduados y Soldados que durante mi mando se comportaron dignamente en el trabajo sin que se les impusiera castigo disciplinario alguno, y este elogio debe ser refrendado en sus acuerdos.

Manoel Vianna de Carvalho
Comandante Mayor

CAPITULO IV EL MÚSICO

1. Influencia del viejo Carvalho

Por influencia del antiguo patriarca, Tomás Antônio de Carvalho - profesor de música del Liceu y de la Escuela Normal des Ceará - Vianna, así como sus hermanos, mantuvieron, desde pequeño, contacto con "el arte de las musas." Pero, según doña Leilah de Carvalho, músico, cantante lírica y profesora de canto y técnica vocal en las universidades Estatal y Federal de Ceará, a pesar que sus tíos tienen conocimientos musicales y tocan un instrumento, solo su padre, Tomás Antônio de Carvalho Filho, y su tío Manu eran músicos en el verdadero sentido de la palabra. Tomás, además de violinista, tocaba el violonchelo y la flauta; Vianna era "insuperable en el violín."

Si no hubiera seguido una carrera militar, seguramente tendría un futuro prometedor como músico. Sin embargo, aunque era soldado, pudo demostrar sus dotes artísticas sirviendo como inspector de música en algunas guarniciones donde sirvió.

2. En casa de Juvenal Galeno

Reconocido en Fortaleza como un excelente violinista, no rehusaba realizar actuaciones públicas con fines benéficos o por invitación de amigos. Muchas veces, en las veladas, habituales en la capital de Ceará a principios de siglo, se escuchaban los acordes de su violín.

En 1911, recibió una invitación de Juvenal Galeno (1835-1931), poeta espiritualista y mayor nombre de la poesía popular de Ceará, para actuar, junto a otros artistas, en la fiesta de cumpleaños de su hija Julinha (1890-1978). como podemos comprobar en una nota de *La República*, fechada el 6 de febrero de 1911, en la que se deja constancia del tan publicitado acontecimiento social.

"La graciosa señorita Julinha Galeno, querida hija de nuestro viejo amigo Juvenal Galeno, recibió ayer, en su cumpleaños, afectuosas muestras de estima de sus pequeños amigos y admiradores.

El grupo "Chrysantemo", formado por amables damas, asistió esa noche a la residencia de la cumpleañera, promoviendo un espléndido concierto vocal e instrumental, en el que participaron el Dr. Vianna de Carvalho (violín) y las distinguidas damas Aurélia Menezes, Luizinha y Áurea. Pacheco, Giselda Miranda, Henriqueta Galeno, Lucíola y Chiquita Menezes (piano), Indiana Albano y Amélia Menezes (canto).

Extractos clásicos fueron interpretados exquisitamente ante el atronador aplauso del selecto público. Luego improvisaron bailes que continuaron animados hasta la medianoche."

3. Manu Polca

En el mundo artístico fue admirado y querido no solo por su talento sino también por sus atributos morales.

Una de las mayores expresiones de la música cearense de finales del siglo XIX fue Sérgio Pio de Pontes Pereira (1862 - 1894). Según el barón de Studart (Diccionario Bio-bibliografia Cearense, vol. 3, p. 14), era "un gran amante de la música, y especialmente de la música sacra." Sérgio Pio compuso algunas canciones ligeras y sacras, casi todas de estilo sentimental, y además tenía una excelente voz de barítono.

Amigo de Vianna, entonces joven violinista, Sérgio decidió rendirle homenaje, creando la que sus críticos consideran la más bella de sus composiciones: *"Polca Manu"*, regalada a su amigo y casi hermano, Manu.

4. Música Devocional

Manoel Vianna de Carvalho fue el mayor defensor de la "música devocional", música en los Centros Espíritas. El tema suscitó acaloradas discusiones debido al excesivo rigor de algunos cohermanos por temor a que esta práctica se convirtiera en un ritual dentro de las Casas espíritas.

El temor; sin embargo, era inconcebible, a pesar que la idea consistía únicamente en promover presentaciones de música clásica suave que fomentaran la relajación y la meditación, durante los minutos previos al inicio de los encuentros evangélico-doctrinales.

Respecto a la polémica suscitada, dieron sus declaraciones dos de los nombres más importantes de la historia del Espiritismo en Brasil, Leopoldo Machado y Carlos Imbassahy (*Una Investigación Original*, pp. 25 - 34). Leopoldo Machado afirma:

"Todavía no conozco ningún argumento que, a pesar de los argumentos históricos y evangélicos, invalide lógicamente la influencia de la música en la oración y la Doctrina. Lo bello y puro, lo que educa y agrada, lo que es bueno y perfecciona, debe lógicamente encajar en el Espiritismo, que es la escuela del perfeccionamiento, de la pureza y del bien (...)"

Imbassahy explica:

"Con los acordes musicales, se forma una trama misteriosa a nuestro alrededor. Modifica el entorno, transforma a los seres, abre un claro al infinito. Nos prepara para el trabajo mediúmnico, desde los que tienen efectos físicos hasta los intelectuales; da alas a la oración; hace accesible el espíritu a los buenos sentimientos; tócalo, hazlo capaz de elevarse a grandes alturas. Es el vehículo de Dios."

A pesar de las críticas, continuó con sesiones de música devocional. Inspirado, sintió las sublimes vibraciones de la armonía, las emanaciones liberadas por la presencia de espíritus superiores que aprovechaban la relajación de la asistencia para promover, más eficazmente, el tratamiento espiritual de los más necesitados.

En el Centro Soledad (RJ), se le escuchó interpretar fragmentos seleccionados para violín con acompañamiento de piano. Junto a Gustavo de Macedo, otro partidario de esta práctica, que hoy llamamos musicoterapia, fundaron la "Cruzada Espírita" para, además de la propagación doctrinal, difundir la práctica de la música devocional.

5. *Compañero Inseparable*

Existía una curiosa relación entre Vianna y su violín. El artista cearense tenía un enorme cariño por el instrumento musical. Lo vio, no como un objeto inanimado, sino como un amigo inseparable, compañero y confesor en horas de soledad y tristeza; un amigo que estuvo presente en los principales momentos de su vida, hasta incluso en el momento de su regreso al mundo espiritual.

Su hermano Renato de Carvalho me contó que, durante la agonía de Vianna, en los últimos momentos de su vida física, cuando, afectada por el beriberi en alta mar, a bordo del vapor Iris, el violín parecía compartir su dolor. Para relajar al fiel chambelán que lo acompañaba en esta hora extrema, Vianna de Carvalho le entregó el preciado instrumento, recomendándole el máximo cuidado, recordándole que no se olvidara de aflojar las cuerdas al guardarlo para que no se doblara. Humberto de Aquino, en un discurso pronunciado en junio de 1935, en la Escuela Primaria Vianna de Carvalho, de Río de Janeiro, y publicado en la Revista *El Espírita Brasileño*, de julio del mismo año, refiriéndose a la relación entre Vianna y su violín, hizo una hermosa comparación entre ambos:

> "Su carácter, su inteligencia, su corazón poseían sin lugar a dudas la sensibilidad extática de los acordes divinos que brotan de las cuerdas del violín, tocado por un intérprete consciente.
>
> De hecho, el corazón es un violín: el violín de Vianna de Carvalho era tan identificado y amado que, cuando uno dejaba de latir, ¡el otro dejaba de gemir! ¡Cuando el corazón de Vianna ya no palpitaba, a los impulsos del Dolor, su

dulce violín ya no vibraba, a las emociones reflejando ese mismo dolor!

El alma de su violín era su alma; cuando uno subía a los espacios, yendo a cantar en el corazón de la eternidad, el otro callaba en la tierra para no llorar más... ¡Se identificaban a través del vínculo espiritual de la más refinada sensibilidad artística y emocional!"

Vianna no olvidó rendir homenaje, cuando encarnó, a su inseparable compañero. En una hermosa partitura en prosa, de su maravillosa pluma de artista, escribió:

"¡¡Mi violín!! Suave compañero de horas de anhelo, solo tú puedes adivinar el arcano del anhelo del infinito que agita mis pensamientos. Solo tú recibes con compasión las confesiones de la tristeza de luchar con el tumulto de las injusticias humanas... ¡porque posees el heroísmo de la fidelidad!

Querido amigo, sigues mis pasos en el itinerario de renuncias dolorosas. Y, cuando llegue el punto final - la muerte - ¡¡¡te callarás para siempre, porque entonces tu misión de difundir consuelo en las muchas horas de mi amargo exilio en las sombras de este mundo habrá terminado!!!"

Esta relación no se rompería ni siquiera con la muerte. Según Divaldo Pereira Franco, el espíritu Vianna de Carvalho se le apareció, algunas veces, con un violín en las manos, interpretando canciones que disfrutaba cuando estaba encarnado.

CAPITULO V EL PERIODISTA

1. *En la Prensa Espírita*

Vianna de Carvalho ocupa un lugar destacado en la galería de grandes nombres de la prensa espírita. Su labor periodística duró treinta y cinco años; desde 1891, cuando escribió en periódicos y revistas de la Escuela Militar de Ceará, hasta su muerte en 1926.

Casi todos los periódicos espíritas del país publicaron artículos propios que, según Zêus Wantuil (*Grandes Espíritas do Brasil*, p. 598), "se destacaron por su lenguaje elevado y refinado, por la riqueza de conceptos doctrinales y por una vasta literatura literaria, científica y erudita, filosófica y religiosa (...)."

Sin embargo, su colaboración periodística con el movimiento espírita recién se inició en 1907, cuando comenzó a escribir en las páginas de *Reformador*.

Posteriormente, escribió en los principales órganos de la prensa espírita. Sus artículos se pueden encontrar en la revista *Verdad y Luz* y en el diario *El Clarín*, de São Paulo; en la revista *Alpha*, de Espírito Santo; en los diarios *Aurora* y *Tribuna Espírita*, de Río de Janeiro; en el diario *La Luz*, de Alagoas; en el diario *La Semilla*, de Sergipe, etc. En el extranjero, sus escritos también adquirieron notoriedad. Encontramos en la revista espírita portuguesa *La Verdad*, de enero de 1919, un artículo suyo, *El Testimonio de los Iluminados*, que trata sobre la reencarnación.

En Fortaleza fundó dos periódicos: *El Combate* y *El Lábaro*; el primero, un órgano masónico y espiritista, y el segundo, una publicación del "Centro Espírita Cearense" aparecida el 31 de marzo de 1911. *El Lábaro*, quien, además de Vianna, tenía al Dr. Francisco Prado (1886 -1932) como escritor, tuvo circulación mensual y distribución gratuita. Tenía como epígrafe la máxima reencarnacionista: "Nacer, morir, renacer y progresar siempre, tal es la ley."

2. La influencia de Bezerra de Menezes

Nos parece que Bezerra de Menezes ejerció una importante influencia en la vida periodística de su compatriota. Llegó a Río de Janeiro, cuando tenía apenas veintiún años, en 1895, y mantuvo contacto con "el Médico de los Pobres", entonces presidente de la Federación Espírita Brasileña.

Bezerra le causó una fuerte impresión, ya que, con cierta frecuencia, Vianna narraba, en conferencias, hechos y acciones de la vida del médico cearense. Confirmando esta información, Ramiro Gama (1898 -1981) (*Lindos Casos de Bezerra de Menezes*, pp.22-23) señala:

> (...) El 24 de junio de 1922, en *Fe e Esperanza* había anunciado públicamente la ceremonia conmemorativa de su Patrón Juan Bautista, con una conferencia, que sería pronunciada por el estimado y reconocido tribuno Vianna de Carvalho, en las palabras de Manoel Quintão, uno de los valores espíritas más sinceros y cultos.
>
> Teníamos una escuela y también el semanario *Entre - Ríos* y, más por curiosidad y también para buscar nuevos temas para nuestro periódico, fuimos a asistir a la conferencia anunciada.
>
> Quedamos encantados con la cultura, la inspiración y las elocuentes palabras del gran orador espírita.
>
> Centrándonos en un tema evangélico, nos parece, la 'Parábola de los Talentos', nos cautivó, nos conmovió, nos sorprendió, llevando a nuestros corazones la primera semilla de las santas Enseñanzas de Jesús.
>
> Para documentar sus razones citó bellos casos de la vida de Bezerra de Menezes, el primero de los espíritas de Brasil que, sin poner la lámpara debajo de un almud y demostrando

valentía y convicción, sinceridad y desinterés en su tarea, colocó la lámpara en la prensa diaria carioca, por el periódico *El País*, las luces de la Tercera Revelación, los conceptos deslumbrantes sobre el *Libro de la Vida*, aun tan desconocido y poco apreciado."

Los artículos de Max (seudónimo de Bezerra de Menezes) en el diario *El País* sirvieron de modelo a Vianna de Carvalho, quien titularía la serie de artículos doctrinarios que publicó en periódicos, tanto doctrinarios como seculares, *Temas filosóficos* o *Cuestiones Filosóficas*, en analogía con la popular columna de Max, llamada *Estudios filosóficos*.

Los artículos de Vianna tenían, sin embargo, características peculiares. Básicamente, escribía tres estilos de artículos; los "Temas Filosóficos", donde abordó didácticamente, en forma de estudio secuenciado, los principios básicos del Espiritismo; los "Discursos Espíritas", cuando combinó su talento de escritor con el de periodista; y las polémicas, escritas con mayor claridad y objetividad, porque pretendían refutar las críticas de los oponentes del Espiritismo.

Estos artículos eran generalmente extractos de sus conferencias semanales. Al leerlos identificamos características del gran orador, que utilizó la erudición y el lenguaje elevado, con el objetivo primordial de llegar a los intelectuales.

Cairbar Schutel, otro ícono de la prensa espírita, refiriéndose a los artículos de su amigo Vianna de Carvalho, mencionó, en la *Revista Internacional de Espiritismo*, del 15 de noviembre de 1926, que eran "verdaderas joyas dignas de ser incluidas en un libro para estudio y meditación de quienes buscan la verdad redentora."

3. En la Prensa Convencional

Un propagandista audaz, aprovechó los espacios de la prensa dominante tanto como pudo para publicitar más ampliamente los postulados kardecianos. Contactó con amigos en las ciudades que visitó y utilizó el prestigio de su elocuencia para acceder a las revistas más renombradas. Así, escribió en los principales periódicos de Brasil, siendo, quizás, el poseedor del récord en el ambiente espírita en ese campo. Entre los periódicos que recibieron su colaboración, mencionamos: *Diario de la Mañana* y *Diario de la Tarde*, de Paraná; *Diario del Interior*, de Rio Grande do Sul; *Correo de Maceió*, de Alagoas; además de periódicos de Pernambuco y Río de Janeiro.

En Ceará, escribió en *Unitario* y *La República*, entre 1910 y 1911. En Unitario, órgano del Partido Liberal Republicano, ganó espacio especial para "Discursos" y "Temas Filosóficos", debido a su amistad con el coronel João Brígido dos Santos (1829 -1921), fundador y director del periódico.

Observando el reconocimiento de João Brígido, considerado el mayor nombre de la prensa cearense, por parte de su amigo, prestemos atención a la nota del Unitario del 14 de noviembre de 1911, que registra la partida de Vianna. En él, el escritor destaca, entre otras cualidades, el talento del joven periodista.

"Hoy, el Dr. Manoel Vianna de Carvalho, primer teniente de artillería de nuestro ejército, nacido en este estado y proveniente de una antigua familia de Icó, se embarcó para el Sur, con destino a Río de Janeiro, tal vez hasta nuestra frontera en Rio Grande do Sul.

Este joven, una de las inteligencias más poderosas y brillantes de la generación del 89, deja un vacío insalvable en la prensa cearense.

Durante más de un año colaboró en *Unitario*, una página extrapolítica, que trata exclusivamente temas filosóficos que son su pasión y estudio más acertado.

El público vio decir, si ya había alguien en nuestra prensa que pudiera estar a su altura, entrando en los dominios de la metafísica, cosechando y sembrando verdades de la Ciencia, hablando y escribiendo con tanto cuidado la lengua que Camões decía parecía latín.

Y publicista de sesenta años de escritura, orador de toda la vida en la tribuna.

A tu edad lo sabes todo; en un estudio apasionado, podrás capturar la mente más poderosa y hábil de un brasileño. Eres un talento genial, una memoria de bronce y una palabra rica en dulzura y suavidad, hermosura, decimos, rara a su edad, donde las pasiones encienden los espíritus más pacíficos.

Vianna de Carvalho es un honor no sólo para Ceará, sino para todo el Ejército, para todo Brasil; y no sabemos qué más se dirá de él cuando se amplíe su etapa en estas consideraciones que abarcan medio mundo.

Con gran anhelo vemos separarse de nosotros a un amigo, en cuya pureza de alma encontramos alivio al desgarro que sufre una juventud que descuida gran parte del futuro, sin poder acompañar a Vianna de Carvalho en el camino de luz que va dejando.

Le deseamos el mejor viaje y que todo el que lo conozca lo respete.

Adiós."

CAPÍTULO VI EL MASÓN

1. *Masonería y Espiritismo*

Durante el pontificado de Pío IX, la iglesia católica tomó una serie de medidas contra la Masonería, castigando a las hermandades religiosas que apoyaban o mantenían a los masones en sus filas. El gobierno brasileño, sin embargo, no reconoció la validez de estas medidas en el territorio nacional, porque la Masonería fue patrocinadora de importantes acontecimientos históricos. Antes de la formación de los partidos políticos, ocurrida en el Período de la Regencia (1831 - 1840), la dirección política brasileña era dada por la orden de los masones. Bajo inspiración masónica se proclamó nuestra independencia política, cuyos nombres principales (Don Pedro I, Gonçalves Ledo y José Bonifácio) eran miembros de la Orden.

La cuestión estalló en Brasil cuando, en 1872, el obispo de Olinda, don Vital María Gonçalves de Oliveira, seguido por el obispo de Pará, don Antônio de Macedo Costa, exigieron que las hermandades religiosas de sus diócesis expulsaran a los masones vinculados a ellas. El gobierno imperial, cuyo presidente del consejo de ministros era el vizconde de Rio Branco, gran maestro de la masonería, intervino pidiendo a los obispos que suspendieran los castigos. Con la desobediencia y consiguiente arresto de los citados clérigos, la cuestión religiosa se hizo evidente, convirtiéndose; sin embargo, en una de las principales causas de la aceleración del fin del Imperio.

Por otra parte, la controversia religiosa incitó a la prensa brasileña, despertando emociones y atrayendo a los jóvenes mediante la seducción de ideas libres. Fue en esta etapa que se acentuó la identificación entre masones y espíritas, quienes aunarían esfuerzos para, en el campo ideológico, dirigir sus baterías contra la fortaleza católica. Durante mucho tiempo, la masonería y el espiritismo fueron "socios" en el mismo esfuerzo. Según el periodista Ubiratan Machado (*Los Intelectuales y Espiritismo*, p.146), de esta alianza:

> (...) la conversión de los masones al Espiritismo y la filiación de los espíritas a la Masonería (...). Los masones fueron algunos de los espiritualistas brasileños más destacados. Masón, espiritualista y republicano podría ser el triple lema para identificar el comportamiento político-social-religioso de varios hombres notables del crepúsculo imperial, en oposición al reaccionarismo católico.

2. Vianna Masón

La iniciación de Vianna en la Masonería tuvo lugar en Porto Alegre, entre 1896 y 1898, en la Logia Estrella de Jerusalén, fundada el 7 de agosto de 1896. Al llegar a Fortaleza, en 1910, ingresó inicialmente en la Logia Amor y Caridad, de la que su hermano - su cuñado, el teniente coronel Joakim Manoel Carneiro da Cunha, era el venerable honorario. Sin embargo, información contenida en el libro de registro de la Logia Libertad, de 1904, amablemente proporcionada por el periodista e investigador masón Zelito Magalhães, Vianna de Carvalho ingresó, el 1 de diciembre de 1910, en la Logia Libertad.

En la masonería se destacó, como en el movimiento espírita, por su elocuencia. En sus conferencias exaltó al Gran Arquitecto del Universo, enfatizando sus atributos, dependiendo de la guía de los espíritus reveladores, y siempre alentó a la hermandad a vivir la fraternidad como única forma de construir una sociedad más justa y libre de prejuicios. Cuando era necesario, también estaba dispuesto a llevar a cabo ataques del clero contra la Orden y el Espiritismo. Los principales talleres masónicos de Ceará le brindaron apoyo en estas disputas, como lo atestigua una nota publicada en el diario *La República*, del 24 de mayo de 1910 de la Logia Amor y Caridad:

> Por orden del Pod. Ir/Ven.\ Invito a todos los Ilr. de la Junta para observar mañana a las 19.00 horas, en el Templo del

Bien', Logia Igualdad, a la conferencia anticlerical, que será realizada allí por el talentoso hermano Dr. Manoel Vianna de Carvalho.

Orden Fortaleza, del 24 de noviembre de 1910.

C. Procópio Souza, 18° Secr.

Su condición de masón le facilitó la realización de propaganda espiritista porque, en algunos estados donde no existían Centros Espíritas capaces de albergar un gran público, las logias masónicas le daban acceso a salas para sus conferencias populares.

En Fortaleza, el apoyo masónico fue fundamental para la organización y fundación del Centro Espírita Cearense, el 19 de junio de 1910. Casi todos los miembros designados por Vianna para formar la junta directiva del centro, entre 1910 y 1911, eran masones, siendo algunos de ellos sus nombres proyectados en la historia de la masonería local, como: Álvaro Weyne, Francisco Prado, Theodorico Barroso, Demétrio de Castro Menezes, Theóphilo Cordeiro y Rodolpho Ribas.

Otros masones, incluso no espiritistas, pero admiradores del Tribuno de Icó, ayudaron al movimiento espírita en Ceará en la fase de implementación. Destacamos, entre ellos, el coronel Antônio Diogo de Siqueira, responsable de la donación del terreno donde se construiría el Centro Espírita Cearense, y el coronel João Brígido dos Santos, periodista emérito, que cedió un espacio en *Unitario*, periódico de su propiedad, para dar a conocer las ideas espiritualistas.

Gracias a la masonería, Vianna de Carvalho pudo, en 1910, 1911, 1923 y 1924, realizar en su tierra estudios sistemáticos del Espiritismo y dar conferencias en las logias Igualdad, Amor y Caridad y Libertad[9].

---

[9] La Logia Amor y Caridad funcionó inicialmente en la Rua do Trilho de Ferro (inicio de la actual av. Tristão Gonçalves), trasladándose, en 1910, a la Rua Senador Pompeu, en el mismo edificio que Igualdad.

3. Un periódico masónico

El 12 de diciembre de 1910, Vianna fundó el periódico *El Combate en Fortaleza*, con el objetivo de responder a las críticas formuladas contra el Espiritismo y la Masonería por parte de la Iglesia Católica, a través de su semanario *El Cruzeiro del Norte*.

Según el barón de Studart (*Para la historia del periodismo de Ceará*. 1824-1924, p. 179), *El Combate*, cuya redacción estaba ubicada en la calle Senador Alencar, casi esquina con la calle General Sampaio, sólo tuvo en circulación su primer número como órgano masónico-espiritista, quedando, a partir del segundo número, órgano exclusivo de la Masonería de Ceará, con los siguientes editores: Vianna de Carvalho, Antônio Arruda[10] y Henrique de Alencastro Autran.

Respecto a la circulación de su primer número, A República, del 17 de diciembre de 1910, dio a conocer:

> "Ayer circuló en esta capital el primer número de nuestro colega de prensa *El Combate*, órgano sin vínculos partidistas, políticos o filosóficos, que se presenta en el ámbito periodístico, proponiendo "trabajar con el mayor deseo de cambiar las costumbres, leyes de aduanas y prensa; para que se respeten los derechos, el honor y la dignidad de los ciudadanos." Es más: *Combate* rechaza completamente las cuestiones personales y admite como parte integral de su programa la investigación de la verdad científica, los intereses de la comunidad brasileña, el futuro y el bienestar de la humanidad y, por tanto, acepta la participación de todos los que quieran ayudar."

Libertad operaba en el edificio del Centro Artístico Cearense, en la calle - hoy avenida - Tristão Gonçalves.

[10] Antônio Arruda era el redactor jefe del diario *La República*. Murió en 1912

4. Un homenaje póstumo

Once años después de la muerte de nuestro biógrafo, un grupo de masones de Fortaleza decidió rendir homenaje a su memoria, fundando, el 18 de marzo de 1937, la Logia Masónica Vianna de Carvalho. Como podemos ver a continuación, en la transcripción de extractos del acta fundacional de la institución, la idea surgió de José Ramos Tories de Melo, amigo y admirador del homenajeado.

"A Gl.'.do Gr/.Ar/.do Univ/.

El día dieciocho de marzo de mil novecientos treinta y siete (E/.V/.) en esta ciudad de Fortaleza, Estado de Ceará, en la Rua Senador Pompeu n° 578, el edificio donde funciona la Secretaría de la Delegacia del Grande Oriente del Brasil, a las diecinueve horas, estuvieron presentes los hermanos infrascritos, que, previo acuerdo, - ocuparon - los lugares del Ven/.o Pod/.Ir/.Dr. Jorge Vieira da Costa, Io Vig.'. Raimundo Melo Falcão, 2° Vig/. Abner Brígido Costa, Portavoz Edson Moura, Sec/. Ezequiel Silva Menezes, Asistente del Sec/.Amauri Barbosa Gulgel, Tes/.José de Castro Sá, Maestro de Cerim/.José Cesar da Silveira, Chanc/.José Bamabé Vieira y Vicepresidente Joaquim Moreira Neto, Cobr/. Manoel Coelho da Silva.

El Ir/.Ven/. explicó el motivo de la reunión, que fue la instalación de una Maç/ Logia en este Or.\, siendo aprobado por unanimidad.

Se decidió que la actual Junta Provisional permanecería en su lugar hasta nuevas elecciones y que la Logia trabajaría en el rito adonhiramita.

El hermano/.Deleg/.José Ramos Torres de Melo recordó el nombre Vianna de Carvalho para el título distintivo de Logia como homenaje al gran cearense que en vida se llamó Manoel Vianna de Carvalho, ciudadano de muy raras virtudes.

Los presentes se mostraron a favor de la propuesta."

La lista de fundadores y miembros de "Vianna de Carvalho", miembros de su primer consejo directivo, incluía los siguientes nombres: Jorge Vieira da Costa, Raimundo Melo Falcão, Abner Brígido Costa, Edson Moura, Ezequiel Silva de Menezes, Amauri Barbosa Gurgel , José de Castro Sá, José Cesar da Silveira, José Barnabé Vieira, Manoel Coelho da Silva, Nodge Holanda Cavalcante y José Ramos Torres de Melo. También firmaron las siguientes actas: Francisco do Rego Falcão, Tobias Sidrião Ferreira, Adriano da Fonseca, Josué Viana de Castro, José Olavo Rodrigues da Frota, Severino Alves de Sousa, Raimundo Ramos, Joaquim Barnabé Vieira, Sebastião Guimarães Costa, Carlos de Oliveira Ramos y José Pereira da Silva.

5. Una celebración histórica

El 30 de abril de 1997, por invitación del venerable maestro Francisco Rolim de Freitas, participamos de la celebración solemne de los sesenta años de la fundación de la Logia Masónica Vianna de Carvalho, fecha en la que se celebraría la consagración de su nuevo templo.

A pedido de Rolim de Freitas, mediamos en la invitación a los sobrinos de Vianna - Leilah, Leônidas y Leonardo, que estuvieron presentes, dándole un brillo especial a la fiesta.

En el salón de banquetes se rindieron homenajes al patrono de la casa. El punto culminante del evento ocurrió cuando el coronel Leônidas de Carvalho, en nombre de la familia, recitó, emocionado, una oda propia, en la que, sintéticamente, establece un perfil de la vida de su tío Manu.

A Manoel Vianna de Carvalho

El mérito siempre proviene del verdadero valor.

Pocos hechos en este mundo cambian este factor.

En el espacio, la inmensidad de la vida. En el tiempo, la eternidad. ¡Existencia bien vivida, vida digna!

Éste fue el camino de un gran peregrino:

¡entremezclado de gloria!

¡Hombre desde pequeño!

Quien en una existencia fructífera, predicó doctrina sublime, con práctica y experiencia; como el canario que trina, como el rocío de la noche: sin odio, ni malicia, ni ofensa;

¡Aquí está Vianna de Carvalho!

Inspirándonos a creer que todo en este mundo puede ser hermoso y feliz.

Qué fructífero, qué profundo.

¡Y conviértete en el sueño que toca a todos, que siempre nos lleva hacia adelante!

¡La humanidad se lo merece!

¡Mantén la calma y sé poderoso!

En el tiempo, la eternidad.

¡Existencia bien vivida, vida digna!

Éste fue el camino de un gran peregrino:

¡entremezclado de gloria!

¡Hombre desde pequeño!

Quien en una existencia fructífera, predicó Doctrina sublime, con práctica y experiencia; como el canario que trina, como el rocío de la noche: sin odio, ni malicia, ni ofensa;

¡Aquí está Vianna de Carvalho!

Inspirándonos a creer que todo en este mundo puede ser hermoso y feliz.

Qué fructífero, qué profundo.

¡Y conviértete en el sueño que toca a todos, que siempre nos lleva hacia adelante!

¡La humanidad se lo merece!

¡Mantén la calma y sé poderoso!

Por esto todo luchó,

con el amor que brilla.

¡Y dejó un enorme ejemplo en todo Brasil!

En el ejército brasileño, como oficial, ¡fue un gran pionero!

¡Ejemplo de alto grado!

¡Porque sabía utilizar la espada como símbolo de la razón!

¡Enfundada o desenfundado, como dicta el corazón!

¡Pero siempre respetado!

Para lograr el objetivo, mediante el uso de la palabra, de conquistar a todos, sembró una semilla que siembra que convence y da frutos y en nuestra mente permanece como para recordar que, en la vida, lo que prevalece es la bondad, siempre y siempre resucitada.

Como la caridad, ¡quizás la mayor virtud de toda la humanidad!

¡La actitud más bella, la que invade nuestras almas!

¡Nos inclinamos ante ti!

Aquí en la Tierra, más allá.

Y evocamos tu espíritu, para mostrarnos el bien que predicaste en tu vida.

Que está en el infinito, con el escenario más hermoso Para liberarnos del conflicto, que nos trae el libre albedrío.

Lo que caracteriza a lo racional.

¡Y con claridad nos hace discernir el bien del mal!

¡Estás vivo en nuestras mentes!

Y hoy en una tienda simbólica, de amigos aquí presentes que sólo tienen virtudes, el homenaje es sublime, ¡ahora a presenciar!

¡Tu ejemplo, tu imagen, para quien entre en ella!

¡Tú eras el filántropo secreto, que utilizaba la brújula del arquitecto y la escuadra del albañil!

Y como estás allí en los cielos, con Cristo y la felicidad, envueltos en velos fragantes, las despedidas del anhelo: nuestros ruegos de hermosas oraciones, que vienen del fondo de nuestro corazón.

CAPÍTULO VII EL PONENTE

1. La oratoria a través de los tiempos

La oratoria puede conceptualizarse como el arte de hablar bien, de impresionar y convencer a través de la palabra hablada. Su origen se remonta a los inicios de la humanidad. En antiguos libros sagrados, literarios y filosóficos encontramos menciones de exponentes de este Arte.

En Grecia, donde jugó un papel importante, la oratoria tuvo sus principales representantes en Demóstenes, Esquines y Pericles. En la civilización romana, Cicerón se convirtió en una leyenda. En la fase heroica de la implantación del cristianismo, fue sumamente importante la difusión de la Buena Nueva, a través de las palabras de Paulo de Tarso. Durante los siglos IV y V, la elocuencia cristiana fue notable entre los sacerdotes griegos Basilio y Juan Crisóstomo y entre los sacerdotes latinos, con Ambrosio y Agustín. Durante la Edad Media, Moderna y Contemporánea se destacaron: Bernardo de Clairveaux, Antônio de Padua, Martín Lutero, Juan Calvino, el padre Antônio Vieira y fray Francisco de Mont'Alverne, este último en Brasil en los siglos XVII y XIX, respectivamente.

En política, fueron famosos los discursos de Mirabeau, Danton, Camille Desmoulins, en Francia; William Pitt, Disraeli y Gladstone, en Inglaterra; y Gonçalves Ledo, Rui Barbosa y Carlos Lacerda, en Brasil.

El Espiritismo, cuyo mensaje, por razones contextuales, se ha difundido predominantemente a través de la palabra escrita, no ha prescindido; sin embargo, de la colaboración de elocuentes propagandistas, como Léon Denis, en Francia, Vianna de Carvalho y Divaldo Franco, en Brasil, siendo los nombres exponenciales.

2. El mejor orador

Vianna de Carvalho fue considerado por sus contemporáneos como la "gloria de los hablantes espíritas brasileños." La revista *Verdad y Luz*, de São Paulo, en la edición del 18 de julio de 1922, hablaba de él:

> "(...) Dentro de su humildad cristiana, cautiva al público, que, en el delirio, lo escucha y aplaude (...)"

Para Divaldo Pereira Franco, Vianna de Carvalho fue el orador espírita más completo que jamás haya aparecido en la Patria del Cruzeiro. Tenía todos los atributos necesarios para ejercer la elocuencia. Poseedor de memoria fotográfica, fue capaz de mnemonizar y reproducir, *ipsis litteris*, varias páginas de sus escritos. Poseedor de una cultura insólita, se centró, a la luz del Espiritismo, en conocimientos de astronomía, física, química, sociología, historia, literatura y psicología, cuidando, sin embargo, de abordar siempre la doctrina espírita en su triple vertiente. Zêus Wantuil (*Grandes Espíritas de Brasil*, p. 595), recopilando informes de periódicos de la época, registra:

> "Su inspirado verbo, a través de una dicción impecable, de timbre sonoro y armonioso, adquiría en ocasiones tonos impresionantes, apareciendo en sus labios tropos de excitante belleza. Fue, en verdad, un mago de las palabras, un esteta de los sentimientos y un creador de sensibilidades, que reunió prosélitos y partidarios en su peregrinación triunfal por todo Brasil.
>
> Muchos fueron aquellos - intelectuales, religiosos o materialistas - que, impresionados por el verbo fácil de Vianna, se convirtieron al Espiritismo. A partir de la segunda década de este siglo, cuando su fama creció, las Casas espíritas se quedaron pequeñas para el número de curiosos deseosos de conocer al notable orador que, según decían, hablaba mejor que Rui Barbosa, el más grande orador de la época, el rayo de la elocuencia, águila desde el púlpito."

Ramiro Gama, que lo escuchó en su juventud, resume las características del tribuno cearense (*Seareiros da Primeira Hora*, pp. 167-168):

"Fue el orador más completo que hemos tenido en los últimos cuarenta años.

Maravilloso timbre de voz. Palabra sabia y fácil. Cultura general y, especialmente, evangélica-espírita.

A todo esto, se suma un físico simpático al estilo romano, una fuerza moral expresiva proveniente de un pasado limpio, cuidadoso, ejemplar y de una inspiración espectacular, mantenida permanentemente por una brillante colmena de espíritus, que depositaron en él su confianza y sus certezas que estuvo, efectiva, humilde y sinceramente, al Servicio de Nuestro Señor Jesucristo.

Por eso, de un tema vulgar, pequeño, supuestamente banal, extrajo lecciones magistrales a la luz de las enseñanzas inmortalistas de la Buena Nueva.

Podía predicar en la plaza pública, en los ambientes más diversos, porque supo inmediatamente catequizar, conmover, aclarar y agradar a los auditorios más heterogéneos.

En nuestro libro *Lindos Casos de Bezerra de Menezes*, aludimos disimuladamente a su nombre, a su oratoria, lo que nos sorprendió, pues nunca habíamos oído a nadie hablar así, de manera inspirada, equilibrada, difundiendo una cultura que ignorábamos, defendiendo un tema - el Espiritismo -, con el que aún no habíamos simpatizado (...)

Hay oradores que se cansan con sus idas y venidas. argumentos; por la cultura aplastada y difundida sin interpolaciones de nada que la haga entender; hay otros que no detienen sus disertaciones, queriendo mostrar su erudición y cansando a sus audiencias, que terminan por no entender nada y no retener nada de lo que escuchan. Vianna de Carvalho, no. Fue, es y sigue siendo un modelo vivo para todos nosotros, que nos ponemos al servicio de los intereses de la doctrina y no de nuestros intereses (...)."

3. Bellísima improvisación

Espíritu profundamente preparado para llevar a cabo su misión, sostenido por una espiritualidad superior, a veces, cuando era necesario, hablaba extemporáneamente.

Recibimos de nuestro amigo Leonardo de Carvalho, sobrino de nuestro biógrafo, un viejo recorte de periódico que daba cuenta de una interesante conferencia de su tío, dictada en el Grupo Espírita Discípulos de Samuel, en Río de Janeiro. Lamentablemente, el recorte no estaba fechado, pero pudimos, a través de un informe al dorso, precisar el año 1914. En esta nota, transcrita a continuación, observamos la extraordinaria capacidad de improvisación del locutor, en su abordaje de temas eclécticos basados en un tema evangélico sugerido por alguien del público.

"Otra disertación de la Dra. Vianna de Carvalho

En el Centro Espírita Discípulos de Samuel, en Rua Jockey-Club, 189,[11] el Dr. Vianna de Carvalho produjo ayer otra disertación evangélica sobre el tema, elegida por un hermano del Centro - Ni una hoja cae de un árbol, sin la voluntad de Dios.

Para empezar, el hablante establece la premisa de la existencia de Dios, cuya concepción le resulta sumamente difícil al considerarla como una figura antropomórfica y a la que las religiones han tomado prestados los mismos vicios y pasiones del hombre materializado, pero que, por el contrario, esta concepción se vuelve accesible a todas las inteligencias si imaginamos que Dios es el foco del que derivan todas las fuerzas, la causa de los principios, el autor de todo y motor de todo.

---

[11] El Grupo Espírita "Discípulos de Samuel" está actualmente ubicado en Rua dos Artistas, 151, en el barrio de Vila Isabel

Se trata luego de los reinos de la naturaleza, demostrando que, si estos reinos tuvieran voluntad propia para oponerse a la voluntad de Dios, no habría equilibrio en el Universo, cuyas leyes son inmutables, expresando en ellas la voluntad de Dios, en el movimiento de los astros., en la sucesión de las estaciones, en la caída de los cuerpos, en la madurez de los frutos.

Discute las nociones de espacio, vacío y éter, y dice que Dios está dentro de toda la naturaleza y su interferencia y providencia acompañan, animan y vivifican todas las cosas.

Comienza a discutir las leyes morales, para resaltar que en el mundo moral no se observa el mismo fatalismo que las leyes físicas, ya que allí se cumple la ley de la buena voluntad, combinando la voluntad de Dios con la manifestación de nuestro libre albedrío.

Cita textos evangélicos, mostrando que el libre albedrío es instituido por la voluntad de Dios, que persiste en todas las manifestaciones de la naturaleza entera.

Jesús, al afirmar que ninguna de las ovejas de su rebaño se perderá, muestra claramente - dice el orador -, que Dios está combinando su voluntad con nuestras acciones, para permitir que llegue la hora del arrepentimiento para los espíritus más reprobados, eso lo lleva al camino correcto.

Dios permite que la voluntad de los espíritus se ejerza libremente - explica el hablante -, sin abandonarlos, y por eso existe el mal, porque si Dios impusiera su voluntad al hombre, no habría mérito en la práctica de las buenas obras, no habría goce, proporcionándonos el ejercicio de las virtudes, y las personas mismas, que fueran perfectas, se encontrarían en la situación de quienes reciben bienes por herencia y no les dan ninguna importancia.

Se extiende a consideraciones sobre el principio espiritualista, según el cual cada uno de nosotros, al dejar las manos de Dios, es confiado por Él al cuidado de nuestro hermano mayor - el ángel de la guarda -, quien nos acompaña en el camino de nuestra evolución espiritual y se alegra con nuestras buenas obras, tristeza y melancolía cuando violamos los preceptos evangélicos.

Es también una manifestación de la preocupación de Dios - dice el conferenciante -, quien asiste a todas sus criaturas y nos insta a obedecer las leyes de la moral, que es donde se manifiesta la voluntad de la mente - sustancia universal.

El hablante luego se refiere al Evangelio, que dice que ni un solo cabello caería de nuestra cabeza si esto no estuviera previsto por la voluntad de Dios, para abordar las causas y consecuencias de la actual conflagración europea, afirmando que todo es armonía en el Universo, ya tiemblen las entrañas de la Tierra o las de la Humanidad, y, si lamentamos las guerras, es porque nuestra mirada no abarca el todo.

Al hablar, el Dr. Vianna de Carvalho dice que el Espiritismo aclara todos estos problemas, enseñando que en la Naturaleza todo se mueve y funciona en perfecto orden, bajo la mirada del Señor Soberano, cuya voluntad única se difunde en la infinidad del tiempo y en las extensiones de espacio universal, manteniendo en todas partes la unidad de Su obra ilimitada."

4. *"Un titán"*

Bajo este título, el periodista ítalo-brasileño Mariano Rango D'Aragona escribió, en la revista *La Centella*, en mayo de 1947, un artículo que atestigua la fuerte impresión que le causaron las conferencias de Vianna.

En este artículo, parcialmente reproducido, podemos comprobar el cariño del público por el orador, así como el aparato espiritual que había detrás de su fenomenal elocuencia.

"Conocí a Vianna de Carvalho en 1920, en São Paulo, cuando él, por invitación de la Federación Espírita, fue a esa ciudad, para realizar tres conferencias públicas sobre el Espiritismo.

Veintisiete años después de aquella fecha, cuando escuché por primera vez sus palabras, todavía y siempre vibro en el recuerdo de su elocuencia.

Pocas veces después de él he escuchado a otro orador tan profundo, ecléctico y alado. Pequeño, humilde, pero dinámico y poderoso de pensamiento, con la mirada fija en lo Alto, parecía un 'Titán' que emergía de las profundidades de la tierra para desafiar al ignorante, al místico, al ateo, y elevarlo al encantamiento todavía hoy apenas comprendido de la Tercera Revelación. (...)

Y en la ingeniería (solo) Vianna de Carvalho supo, admirablemente, fusionar el conjunto armonioso de la Creación, en la elocuencia de un poeta y un filósofo, de lo humano y lo racional.

Sus tres conferencias fueron tan maravillosas que, cuando se fue, la enorme audiencia que estaba de pie exigió que diera otra conferencia para el día siguiente. Y Vianna, obedeciendo, preguntó por el tema, que yo, entre el público, le sugerí: 'Los mundos multiterminales'.

Y llegó la cuarta noche. Mucho antes que comenzara la conferencia, una multitud se alineó en la calle.

Cierro los ojos y recuerdo pálida, muy pálida, aquella noche de luz.

Vianna pareció transhumano desde las primeras palabras. Todos notaron que su rostro, como rodeado de un aura suave, daba y recibía luz y que su voz contenía tonos misteriosos; varios médiums acusaron públicamente de vibraciones etéreas. Y, durante la hora y media que duró su disertación, el ambiente parecía una marejada de entusiasmo. (...)

Cuando terminó su conferencia, el ambiente parecía electrizado. Palmas y gritos de alegría saludaron al Titán del Espiritismo, y - caso único en los anales de nuestros propagandistas -, muchos de los asistentes secaron su sudor, para besar - decían - las 'perlas de su fascinación'.

Nunca volveré a escuchar a un 'Titán' como Vianna de Carvalho.

Nunca más..."

CAPÍTULO VIII EL POLEMISTA

1. Controversias

Desde la llegada del espiritismo a Brasil, en los años 60 del siglo XIX, la reacción de los aspirantes a sabios provenientes de las academias y de la ortodoxia religiosa fue inmediata.

Aún con la cuestión religiosa, en 1872, y la proclamación de la república, el catolicismo siguió manteniendo el *status quo* como religión oficial.

Para modificar esta situación y afirmar el mensaje de los espíritus, los enfrentamientos ideológicos se hicieron inevitables. Sin embargo, estas disputas deben entenderse como parte de un contexto en el que algunos teólogos tradicionales, por ignorancia o por orgullo, anatematizaron el Espiritismo, el único sistema filosófico capaz de enfrentarse al materialismo, que es el "enemigo" común de las doctrinas espiritistas.

Es probable que muchos espíritas de hoy ignoren que almas venerables como Bezerra de Menezes, Eurípedes Barsanulfo y Cairbar Schutel no rehuyeron oportunidades para refutar, desde la tribuna o a través de la prensa, invectivas antiespirituales.

Sin embargo, Manoel Vianna de Carvalho recibió el título de "el polemista más destacado" de nuestro movimiento. Debido a su refinada inteligencia y su incomparable agilidad verbal, nunca perdió una pelea, ni en la prensa ni en conferencias públicas.

Consciente, sin embargo, del lado positivo de las controversias, especialmente con fines propagandísticos, intentó, siempre que fue posible, evitarlas. Sin embargo, una vez que estalló el enfrentamiento, salió sin miedo contra sus oponentes, combatiéndolos en el campo ideológico, manteniendo el equilibrio, la ética y el respeto personal por sus oponentes:

Acostumbrado a la altura de la verdad, no experimentó vértigo. Cuando lo dijo, como un diamante, supo afilarlo y cuando lo entregó no lo tiró en la cara para causar una herida; lo envolvió en el terciopelo del Evangelio para que llegara tónico, dúctil, noble (...)[12]

2. En la Patria

A través del médium Divaldo Pereira Franco, en un mensaje titulado "A los difamadores del Espiritismo" (*Enfoques Espíritas*, p. 19), Vianna de Carvalho afirma:

> "Siempre ha habido difamadores. Gente jactanciosa y necia caminaba, insolente y atormentada, por las páginas de la Historia. Acomodados al narcisismo pecaminoso o heridos por la soberbia de la necedad, asumieron actitudes quijotescas con las que pretendían luchar contra los molinos de viento que la ilusión transformaba en fantasmas amenazadores.
>
> Sin embargo, impulsados por la ira o vencidos por el vitriolo que les gustaba, atacaron, furiosos y frenéticos, contra las construcciones superiores, sin poder, sin embargo, impedir su avance por los caminos de la evolución (...)."

Cuando regresó a Fortaleza, en 1910, el movimiento espírita alencarino era incipiente. El catolicismo todavía mantenía su dominación hegemónica, a pesar que, desde la década de los 80 del siglo anterior, chocó con el credo protestante con vertiente presbiteriana. En aquella época, Manoel Soares da Silva Bezerra (1810 - 1888), hermano mayor de nuestro "Doctor de los Pobres", y autor del libro *Qué es el protestantismo*, era el principal defensor de la iglesia en Roma, recibiendo, por tanto, de Papa Pío IX, el "Hábito de Gregorio Magno."

La repercusión de las conferencias de Vianna tuvo un efecto rotundo y, como era de esperar, la respuesta del clero se volvió inminente y violenta.

A través de las páginas del diario semanal de la iglesia, *Cruzeiro del Norte*; el periódico bimestral *El Bandeirante*; o utilizando

---

[12] Conferencia pronunciada por Divaldo Franco, en el Club Militar de Río de Janeiro, el 10/12/1974.

el espacio libre de la columna "Tribuna del Pueblo" del diario *La República*, los contendientes católicos - a excepción del padre Vanderillo Herpierre, de la ciudad de Quixadá (CE) -, escondidos bajo seudónimos (Lux, João da Roça y Gil), destiló el resentimiento - fruto de la desesperación, ante el avance de la nueva Doctrina -, contra el intemperante orador.

Vianna evitó en la medida de lo posible involucrarse en disputas en la tierra de sus padres. Pero la insidiosa campaña clerical, cuyo objetivo principal era la calumnia, la crítica infundada y la burla, afectó su temperamento como nordestino. Él, en una "Réplica a Lux", publicada en el periódico *Unitario*, el 24 de octubre de 1911, explica por qué comenzó la serie de controversias en las que se vio envuelto:

"Hago ahora un breve recordatorio para revivir en el espíritu público los éxitos que motivaron mi actitud defensiva frente a los insultos muy "piadosos" publicados contra mí por las plumas anónimas del periódico romanista. Cuando comencé, en mayo del año pasado, la exposición de la excelente filosofía espírita, siempre tuve la intención de prescindir de todas las creencias ajenas, evitando análisis o referencias que pudieran ofender, aunque fuera levemente, la susceptibilidad de sus seguidores.

Vulgarizar las admirables enseñanzas que actualmente ocupan la atención del mundo educado, quedó a la sombra de nuestra Constitución en materia de garantías en materia de libertad de pensamiento.

Todo brasileño disfruta del sagrado derecho a expresar sus ideas en público dentro del ámbito compatible con la decencia y los sentimientos inseparables de la dignidad humana (...)

Desde el estrado defendí calurosamente los principios que propago, pero con especial deferencia hacia la persona del escritor católico. Lux utilizó el procedimiento contrario, saliendo al campo arrojando insultos e insinuaciones menos limpias ante la audacia del conferenciante que vino a perturbar la tranquilidad de sus letanías 'purificadoras'...

Confieso que a mi fibra cearense le molestaba la melancolía de las decepciones inesperadas, apreciando el alarmante nivel de fanatismo que se extendía, como espantosas epidemias, en la cuna de tantos héroes de la libertad (...)

En el 'Tierra de la Luz' se alimenta a un Cerbero: el 'Cruzeiro' - afilando sus garras para devorar los intentos de evolución, de progreso, que cualquiera de sus hijos aspira a imprimir en el curso de su desarrollo colectivo.

Nunca se me había pasado por la cabeza realizar disertaciones antidéricas ni escribir nada que detallara sutilezas teológicas, dogmas o cultos de otras formas de religiosidad.

Lux y 'Cruzeiro' me animaron a luchar con repetidos insultos en los que se mezclaba un odio sanguinario, similar al de Torquemada inmolando a miles de víctimas en las hogueras sagradas del 'Santo Oficio'(...)

Creyendo erróneamente que prestarían valiosos servicios a la causa de la iglesia, cometieron un grave atentado: dieron lugar a la fundación del 'Centro Espírita Cearense', la aparición de *Combate* y *Lábaro* y la campaña de libertad examen que tuvo repercusiones lejos de los campos del periodismo brasileño (...)

Si hubo una polémica en la prensa enteramente perjudicial para los créditos católicos, los fieles del torpe *Cruzeiro del Norte* se lo agradecen (...)"

Para comprobar esta justificación, transcribimos algunos extractos de artículos publicados en los periódicos antes mencionados. Prestemos atención al hecho de que, a pesar de la virulencia de las críticas, el talento y la oratoria de Vianna quedan en cierto modo resaltados. Observemos también, en la segunda transcripción del artículo de João da Roça, el resultado de la labor misionera del Predicador de Icó, logrando despertar el interés de personas de todo el estado por el espiritismo.

"(...) Mucho, mucho, se ha dicho, últimamente, en conferencias públicas, sobre el Espiritismo, pero sólo cosas bellas, figuras de retórica, palantropía decorada y nada de lo que uno quiera saber, lo esencial, en definitiva, ha quedado demostrado (...) En las estadísticas de los asilos, el número de dementes, víctimas del Espiritismo, es mucho mayor (...) El catolicismo practicado como se debe, no tiene nada perjudicial para la salud, al contrario, trae alivio ¡al alma, bálsamo consolador del sufrimiento! El Espiritismo, en cualquiera de sus formas, estremece, deprime, enloquece (...)

Los hombres de sentido común no deben dejarse engañar por las elegantes frases, por las peligrosas explicaciones de los espiritistas, tal como emanan de cerebros enfermos (...) Las cosas malas tienen adornos, belleza, atractivos irresistibles. El espírita nunca enferma, delira, rápidamente se vuelve fanático, maníaco (...) El Espiritismo es una fantasía de la imaginación, la fe católica es una lámpara que nunca se apagará, es un fuego que nunca se apagará."

Lux (*Cruzeiro del Norte* -16.10.1910.)

Es muy posible que el Sr. Dr. Vianna siga impresionando a cierta parte de la sociedad de Fortaleza, vendiendo el cerdo al gato (...) Le recuerdo al Sr. Dr. Vianna que el campo es vasto para castigar el reino del mal, pasiones, dejando en paz al pueblo en sus benditas creencias, comprobadas por los efectos benéficos (...) Señor Dr. Vianna, aproveche las dotes oratorias que lo distinguen y supere el lado de las nulidades que somos, casi todos, los de la plaza y los del bosque. (...)

João da Roça (*Cruzeiro del Norte*, 30.10.1910.)

Allí, en esta capital, el señor Dr. Vianna con sus trucos espirituales, barriendo la verdad de algunas inteligencias inseguras (...) ¡Aquí en el interior del país, a finales de año, vientos fuertes que llenan de 'maldad' nuestra casa! Los males producidos por ella, entrando también a nuestras vías respiratorias, dañan el organismo; los que derivan de frases llenas de citas científicas, traen la muerte a las inteligencias de quienes, ayudados por su propia ignorancia y fascinados por la elocuente palabra del señor Dr. Vianna, creen encontrar en la novedad el último rayo de la metafísica y de la cosmología. (...)

João da Roça (*Cruzeiro del Norte*, 20.11.1910.)

(...) Y, muchas veces, íntimamente y de corazón, lamentamos que un joven con tanto talento futuro y tantos recursos intelectuales fuera víctima inconsciente de tan deplorable ceguera (...) Su propaganda estaba siendo dañina, estaba siendo malsana, estaba llenando de pensamientos febriles, polémicos, intrascendentes las cabezas estúpidas de muchas personas, que daban crédito a sus doctrinas malévolas (...)

Anónimo (*El Bandeirante*, 15/12/1910.)

(...) Y al mencionar a Vianna, no puedo ocultar el dolor que me causa verlo en tal locura. Lo conocí en el apogeo del Centro Literario, y tan pronto me di cuenta que, con el paso del tiempo, el joven con tan verdadero talento se convertiría en su tierra natal en un campeón de la secta burlada y obsesionada que ha llenado el mundo de orates y árboles.

¿Qué pretenderá el espírita obsesionado?

¿Pretende aniquilar el catolicismo en Ceará?

Perdón, propagandista indefenso, por esta verdad seca y breve que me dio Nuestro Señor, como dice un clásico: pero con sólo cargarla sobre hombros, (y hombros imbéciles) tal impureza ya me parece la evasión de una sentencia abolida (...)

Gil (*El Bandeirante*, 03.10.1911.)

(...) En cuanto al veneno de la doctrina que pretende intoxicar nuestra fe, es sutil y traicionera, lo sabemos bien por la forma en que se soborna y el daño que causa (...) No puedo soportar que el campeón del Espiritismo, en lugar de haber enseñado teorías teosóficas más modernas (también falsas) se contentó con difundir el espiritualismo pasado de moda del pobre Allan Kardec, del que publica una enciclopedia muy moderna que, después de haber dejado de estar de moda durante veinte años en Europa y América del Norte, emigró a algunos rincones de América del Sur. Ceará no sería uno de estos rincones.

Respetemos a Ceará, la Tierra de la Luz.

Padre Vanderillo Herpierre (*La República*, 04.06.1911.)

3. Un mensaje apócrifo

Las absurdas críticas contra el intrépido predicador llegaron a tal punto que uno de los columnistas católicos, de forma anónima, utilizó la columna "Tribuna del Pueblo", del diario *La República*, el 12 de abril de 1911, para publicar un mensaje falso atribuido al espíritu Voltaire, supuestamente recibido, a través de mediumnidad, por un sacerdote jesuita, y dirigido a Vianna de Carvalho.

Bajo el título "Al Dr. Vianna, hijito de mi corazón", el agresivo artículo pretendía ridiculizar el Espiritismo y su elocuente defensor.

En el mensaje, el filósofo de la Ilustración, conocido por su anticlericalismo, animaba a su "alumno" Vianna a atacar la Iglesia de Roma. Veamos algunos extractos de las "directrices" del pseudo Voltaire:

"(...) Mi sombra que recorre el mundo como la del fratricida Caín, y del judío errante, el deicida, sin encontrar paz ni descanso, se detuvo un momento para admirar la furia de tu 'lucha', hijito de mi corazón (...)

Audaz y violento, hábil y pérfido debe ser el atleta en la lucha titánica contra el monstruo moribundo; da el último asalto, el decisivo, el definitivo, contra la religión de Aquel a quien llamé el "Infame." Canté sobre su muerte, como había cantado Julián el Apóstata; terminé así, triste y desesperado, porque todavía le había ganado a Galileo.

¡Sé más feliz siendo más astuto!

Quien ataca a Jesús no se venga; ¡solo el beso de Judas venga! Aunque para ti, como para mí, Cristo no es más que el soñador desequilibrado, el judío inquietante, torturado en el madero, muy inferior a tu Allan y a ti mismo, porque tu retórica brilla más que su doctrina; exalta a este Hijo del Hombre, venera a tu Maestro en él, adora a tu Señor, engaña al público, deslumbra al populacho con la unción mística, con la magia grandilocuente de tu palabra y venga nuestra causa (...)

¡Ya terminé, hijo de mi corazón! No dejes escapar exclamaciones de indignada sorpresa cuando sepas que para garabatear estas pocas líneas mi sombra demacrada utilizó la mano de un jesuita (...)

¡Hijito! ¡No caigas en esto! ¡Sé más lógico en tu odio! ¡Miente, hijito, miente! ¡Siempre queda algo! Cree en la experiencia de tu viejo, gruñón y cínico.

Voltaire

4. Padre Van Esse

"De gran interés será la conferencia que el Dr. Vianna de Carvalho ofrecerá el próximo viernes en la sala Logia Igualdad, en la Rua Senador Pompeu, a las 19 horas.

Este interés surge del hecho de que el ponente se ocupará de combatir, punto por punto, los artículos del padre J. B. Van Esse, insertados en los números 29 y 30 de *Cruzeiro del Norte* (...)"

Esta nota, publicada en el *Unitario* el 2 de agosto de 1910, marca el inicio de las controversias entre Vianna y los líderes católicos de Ceará. La provocación vino de la redacción del *Cruzeiro del Norte*, que transcribió del periódico católico *Universo*, de la ciudad de São Paulo, artículos del reverendo João Batista Van Esse, atacando el Espiritismo.

Van Esse, una especie de padre Quevedo en la época, se hizo conocido en el mundo espírita cuando, trasladado a la ciudad de Matão (SP), en 1905, discutió con Cairbar Schutel. La polémica, que, de hecho, fue la primera del Apóstol de Matão, casi termina en tragedia, porque el sacerdote fanático acordó con sus fieles encabezar la procesión del Viernes Santo hasta el frente del Centro Espírita Amantes da Poverza y allí atacarlo, prendiéndole fuego. Sin embargo, gracias a la intromisión de Abel Fortes, un temido político local, la acción medieval del cura no llegó al fin previsto.

Las conferencias de Vianna causaron un enorme revuelo en Fortaleza, aumentando considerablemente el número de curiosos que demandaban el salón principal de la Logia Masónica Igualdad para escuchar sus refutaciones.

El *Unitario*, del 9 de agosto de 1910, describe la actuación del conferenciante de la siguiente manera:

> "(...) Durante una hora y media, el delegado de la Federación Espírita Brasileña, en una feroz discusión, refutó las declaraciones del escritor católico, en un lenguaje que siempre rondaba la urbanidad y la más pronunciada delicadeza hacia la persona del contradictor del Espiritismo.
>
> Los arrebatos de su cálido entusiasmo no le hicieron perder su aplomo caballeroso, casi nunca mantenido entre contendientes con ideales opuestos (...)"

Estas conferencias fueron escritas en taquigrafía y publicadas en extractos en los periódicos *Unitario* y *La República*, y ganaron notoriedad fuera de Ceará, siendo también transcritas por *Reformador*. Sigamos el resumen de dos de estas conferencias, publicado en *La República* los días 8 y 15 de agosto de 1910.

1ra Conferencia. - El pasado viernes, tal y como se había anunciado, tuvo lugar en la sala Logia Igualdad una conferencia de la Dra. Vianna de Carvalho.

Lo motivó la impugnación de los argumentos presentados contra el Espiritismo por el padre Van Esse, en artículos transcritos en Cruzeiro del Norte.

El representante del catolicismo, en definitiva, cuestiona la ley de la reencarnación contraria a la enseñanza de la Iglesia.

El conferenciante, basándose en los trabajos de psicofísica, en los experimentos de A. de Rochas, Baraduc, Gibier, Lombroso, Schiapparelli, etc., luchó tenazmente durante hora y media, demostrando científicamente la realidad de vidas sucesivas. Para ello se sirvió de los nuevos logros obtenidos en el campo del hipnotismo - retirada de la memoria sonambúlica, abarcando existencias anteriores a la actual -; del estudio moderno de los efluvios ódicos, la exteriorización de la sensibilidad, radiaciones objetivas que emanan del ser humano, observación del cuerpo astral a través de la fotografía, cuerpo fluidico que juega un papel muy valioso en el fenómeno de la encarnación. Finalmente, expuso todo lo que se le ocurrió en términos de investigación científica, actualmente en boga, tendiente a establecer la noción de pluralidad de vidas humanas sobre bases verdaderamente experimentales.

La contestación no se agotó, continuando el mismo tema para la conferencia del próximo viernes.

2da Conferencia. - Ante una numerosa audiencia, el Dr. Vianna de Carvalho presentó, el viernes pasado, la continuación de la refutación anunciada a los artículos del padre Van Esse insertados en *Cruzeiro del Norte*, en esta capital.

El orador expuso abundantes argumentos científicos y filosóficos, defendiendo la ley de las reencarnaciones, que es cuestionada por el escritor católico. De hecho, esta ley fue el fundamento de todas las religiones antiguas, como lo demuestra exuberantemente el magistral libro de Louis Elbé sobre la vida futura.

Al estudiar las concepciones de infierno, cielo y purgatorio, destacó la deficiencia en la interpretación que les da el misticismo religioso.

El cielo, el infierno y el purgatorio son estados de conciencia, sumida en el dolor cuando desobedece las Leyes Divinas, gozando de excelente paz si logra cumplir con los preceptos inmortales de Jesucristo.

El dogma del infierno, creación humana, es un ataque a los atributos esenciales del Ser Supremo: sabiduría, justicia y misericordia.

Para que hubiera tortura eterna sería necesario un pecado eterno, lo cual es absurdo, dada la cortísima duración de la vida humana.

El orador, basándose en los rigurosos cálculos de un sabio alemán, dio sentido al porcentaje mínimo de quienes pudieron haber merecido los deleites del cielo, desde el comienzo de las generaciones terrenas. Por tanto, casi todas las almas, según el dogma en cuestión, fueron irrevocablemente al infierno.

Pero esto contradice fundamentalmente las palabras de Jesús, cuando dijo: *"Ni una sola de las ovejas de mi Padre se perderá."* Por tanto, la idea del infierno no puede subsistir frente al racionalismo refinado e invencible de nuestros días.

Entonces, con la doctrina de una sola vida, ¿cómo se explicaría la desigualdad de aptitudes y caracteres que manifiesta la mayoría de los hombres?

¿Genios como Pascal, Pico de Mirandola, Mozart, Laplace, Newton, etc., nacieron como tales por una gracia especial de la divinidad? Entonces Dios sería extremadamente injusto, concediendo grandes regalos y beneficios a algunos, mientras priva de ellos a millones y millones de otras criaturas.

Solo el Espiritismo proporciona la clave de estos enigmas, mostrando que estas brillantes inteligencias pertenecen a espíritus poderosamente evolucionados a lo largo de innumerables vidas sucesivas. Después de largas consideraciones dedicadas a este y otros puntos del citado artículo, el ponente destacó el hecho de que eminentes estudiosos como Richet, Ochorowicz, Binet, Feré, etc., que no son espíritas, acumulan diariamente documentos, experiencias, pruebas de toda especie puestas al servicio del triunfo final del Espiritismo.

CAPÍTULO IX OTRAS FACETAS

1. Caleidoscopio

Manoel Vianna de Carvalho fue un idealista que se adelantó mucho a su tiempo. Concienzudo, sensible, caritativo y bueno, no escondió las oportunidades de luchar contra las injusticias de todo tipo y ayudar, como pudo, a la inmensa procesión de criaturas sufrientes que lo buscaban.

Un alma de rara belleza, parecía un caleidoscopio con muchas facetas, muchos reflejos, muchas fortunas, muchos dolores, muchas alegrías, muchos aspectos...

En este capítulo aprenderemos un poco más sobre las múltiples facetas de esta alma. Para ello, en los siguientes temas destacaremos, además de notas sobre sus actividades, extractos de sus escritos, que nos permitirán comprender mejor otros atributos de su carácter.

2. Discípulo fiel

Después de Jesús, Allan Kardec fue el ser que más lo fascinó. Veneraba y respetaba profundamente al Codificador, a quien llamaba su maestro. Por amar el ideal espírita, cumplió fielmente su ministerio. Predicó y ejemplificó el Espiritismo sin distorsiones y sin supersticiones.

Preocupado por las desviaciones doctrinarias, alertó y advirtió, a través de sus artículos, sobre sesiones denominadas espíritas, donde prevalecían creencias y fanatismos, afirmando que tales reuniones sólo podían traer a sus asistentes una enorme serie de daños morales y físicos, resultantes de obsesiones. Especialmente en Río de Janeiro y São Paulo, impulsó una intensa campaña de esclarecimiento sobre lo que entonces llamaron 'bajo Espiritismo', persiguiendo a quienes, aprovechándose de la buena fe pública, establecían tiendas de exploración con el rótulo de espiritistas. En la revista *Verdad y Luz*, del 3 de junio de 1923, escribió:

> "(...) La Doctrina no tiene la culpa de las desviaciones provocadas por la rebeldía de ciertos neófitos que quieren, a toda costa, a toda costa, moldearla según sus pasiones, intereses o estrechas ocupaciones individuales."

3. El unificador

A pesar de su celo doctrinario, nunca fue intransigente ni dogmático, ni se convirtió en inquisidor de las conciencias ajenas, siendo, por tanto, amado y respetado en todos los círculos espíritas, desde los más oscuros hasta los más cultos. Siguió el lema de Kardec: *trabajo, solidaridad y tolerancia*, buscando, dondequiera que estuviera, unir a la familia espírita. Con cierta frecuencia convocó a presidentes de asociaciones, con el objetivo de dar una nueva mirada a la práctica espírita en el marco del trabajo y orientación propuestos por la Federación Espírita Brasileña.

Como prueba de esta afirmación, veamos lo que Theodorico Barroso[13] escribió en una carta a Leopoldo Machado, con motivo de su visita a Fortaleza, en los años 50:

> "(...) Bastaría que los espíritas se entendieran mejor (...) y (...) para formar un solo cuerpo, único e indivisible, basado en la obediencia a la Federación Espírita Brasileña, y a nosotros organizarnos en centros y grupos, como habíamos comenzado en tiempos de nuestro difunto hermano, Mayor de Ingeniería Militar, Dr. Manoel Vianna de Carvalho (...) (*Caravana de la Fraternidad*, pp. 284-5)."

---

[13] Theodorico da Costa Barroso (1883 - 1961) fue uno de los grandes nombres del Espiritismo en Ceará y fundador, junto a Vianna de Carvalho, del Centro Espírita Cearense, el 19 de junio de 1910.

4. El poeta espírita

Literalmente enamorado de la Doctrina que había conocido en su juventud, expresó poéticamente sus sentimientos:

"¿Existe, tal vez, un molde artístico para definir estos entusiasmos sin vértigo, estas aspiraciones sin ansiedad y esta confianza inalterable que sólo la Filosofía de los Espíritus puede infundir en el corazón del hombre?

No, señores, sería necesario utilizar todo un lenguaje de armonías robadas al coro de las esferas doradas, si quisiéramos cristalizar, derramando en estrofas claras, las emociones que, en nosotros, despiertan en las enseñanzas sistematizadas por Allan Kardec, a la influencia de las altas inteligencias dedicadas a la propagación de la Verdad (...) Doctrina basada en las revelaciones que brotaron de labios de Jesús sobre la raza de Israel, su escudo inquebrantable es la Ciencia, su lábaro desplegado sobre pasiones tumultuosas, la virtud, y su culto absoluto es Dios (...) (*Palabras de Vianna de Carvalho*, p. 25)."

5. El evangelizador

Sus discursos sobre el mensaje de Jesús (*Palabras de Vianna de Carvalho*, p.159):

"¡Oh! Getsemaní de las realidades desoladas.

En ti están condensadas las lágrimas de un justo, la debilidad pervertida por treinta monedas de dinero, los aullidos del fanatismo popular y el miedo personificado en esos mismos discípulos que, más tarde, enfrentarían rigores, persecuciones, amargos castigos (...) en nada del ideal divino, sagrado por Cristo mientras ascendía gloriosamente a las espléndidas y trágicas alturas del Calvario. (...)

El Espiritismo, encarnando su expresión popular, se ve confirmado, a cada momento, expande su gentil imperio sobre las conciencias y apresura la hora de la regeneración de todos los pueblos, señalándoles la práctica exclusiva de las virtudes celestiales, divinamente promulgadas en los evangelios de Jesús."

Aquí está el evangelizador.

6. Amor por los niños

Según cuenta Leonardo de Carvalho, a su tío Manu le encantaba la compañía de los niños. Su padre, Tomás de Carvalho Filho, le dijo que, cada vez que Manu regresaba, los niños acudían inmediatamente a él, esperando los juegos que él jugaba y dirigía. Vianna realizó una extraña "magia" que encantó a los niños. Entre ellos, uno en el que paraba relojes y, lo más curioso, lanzaba canicas que nunca fueron encontradas.

En el ambiente espírita, las primeras obras alusivas a los niños fueron escritas por Antônio Lima (1864 -1946), en 1904, publicadas en el *Reformador*, donde consideró los problemas de los niños a la luz del Espiritismo.

Pero correspondió a Vianna de Carvalho advertir con vehemencia y lanzar, a partir de 1914, una campaña para la creación, en todas las sociedades espíritas, de escuelas morales cristianas para niños, como extensión indispensable de la instrucción que se les debía dar para establecer mejor el carácter de los hombres del futuro.

En ese año, 1914, encabezó, en Río de Janeiro, una cruzada para la creación de escuelas para niños en la Federación Espírita Brasileña y el Grupo Discípulos de Samuel. Para ello, mantuvo contacto con algunos compañeros afines a esa propuesta, entre ellos, entre otros, la gran señora de la Educación, Anália Franco (1853 - 1919) y el admirable apóstol de Espírito Santo Jerónimo Ribeiro (1854 - 1926).

En una carta dirigida a Jerónimo Ribeiro - cuya copia nos fue amablemente proporcionada por el hermano Lamartine Palhano Júnior -, fechada el 15 de mayo de 1914, Vianna de Carvalho escribe:

"Bittencourt (Ignácio Bittencourt) me entregó ayer su carta indicando que ya le había escrito a doña Anália (Anália Franco) sobre mi proyecto en la escuela de niños en la Federación y en el Grupo Discípulos de Samuel. Cuando llegue la ocasión le escribiré sobre su venida a la Capital Federal con el fin de informar a doña Ilka Mass, quien será el director de la primera. El Grupo Samuel, por ahora, se limitará a la enseñanza de la moral espírita impartida en una sesión anterior, realizada antes de la destinada a niños mayores... como nosotros (...)."

El esfuerzo de Vianna se vería plenamente recompensado. El 14 de junio de 1914, domingo, se inició la enseñanza de la doctrina espírita en la Federación, bajo la dirección de doña Ilka Mass, asistida por su hija, cuyo nombre no consta en el acta del hecho.

Con absoluta regularidad funcionó durante un año la llamada Escuela Dominical de Doctrina Cristiana. En poco tiempo, el movimiento idealizado se vio coronado por el éxito. Visto con simpatía, se expandió por todo el país, teniendo la fortuna de ver creados otros centros de evangelización infantil.

Reformador, de enero de 1964 - a pesar de no mencionar siquiera el nombre de Vianna de Carvalho -, en un resumen histórico del trabajo con niños y jóvenes realizado por la FEB, dice:

"El 14 de junio de 1914 quedará imborrable en nuestra memoria y especialmente en nuestro corazón, pues fue en esta fecha que, con las bendiciones de Ismael, se inauguró el (...) curso infantil de Doctrina Cristiana."

Durante el resto de su vida, Vianna nunca olvidaría este tema. En un artículo en *Reformador*, fechado el 1 de diciembre de 1919, bajo el título "Para los niños", afirma sin rodeos:

"La propaganda espírita en Brasil sufre de un vacío muy grave: el casi completo abandono del ministerio doctrinario a los niños.

Nuestros cohermanos - presidentes de grupos, directores de revistas y periódicos -, hasta hoy no han querido prestar atención a este problema que permanece al margen, pero que es el más grave de cuantos se imponen a nuestra consideración (...)

El Espiritismo tiene también la tarea de predicar el Evangelio en clases especiales de las que saldrán los mejores frutos de las generaciones que deben seguirnos en esta conquista de los bienes celestiales y en la sumisión gloriosa a las reglas exaltadas, divinamente compuestas en la moral cristiana."

7. Ante los problemas sociales

En sus consideraciones también participó el futuro de la familia, la sociedad y la comunión político-social de los hombres. De ahí las bases morales que, sintiéndose olvidadas en el santuario de los hogares, dirigieron su atención a las actividades dentro de las células espíritas, como parte integrante del organismo social, de donde nace la enseñanza, el ejemplo de la virtud, del carácter, de la caridad, de la fraternidad, de amor.

A Allan Kardec se le debe la renovación religiosa que transmutará las instituciones sociales mutiladas por el egoísmo de las autocracias en dispositivos unificadores de todas las energías humanas, convergiendo hacia el triunfo completo de las más gloriosas tendencias altruistas (...) (*Palabras de Vianna de Carvalho*, p. 29).

El ponente fue también un analista y crítico consciente de los problemas sociales de su época. Veamos un artículo suyo muy actual, publicado en la revista Verdad e Luz, de noviembre de 1925, donde describe la detención de un hombre.

"Asesino

Dos filas de policías llevaban a la cárcel a un hombre que, en un momento de ira invencible, había asesinado a alguien.

El bastardo estaba esposado en las muñecas y expuesto a la curiosidad del público.

A la procesión se sumaron personas del pueblo, comentando el crimen sin piedad hacia el prisionero que pronto sería enterrado vivo, en una tumba carcelaria.

Por las ventanas y balcones asomaban cabezas furtivas, ojos que espiaban la escena y se retiraban descuidadamente a la pacificación de la indiferencia.

A lo lejos, en el ángulo de una plaza, se alzaba la antigua arquitectura de la penitenciaría.

El grupo armado se dirigió directamente a la entrada blindada, cruzó el vestíbulo y se perdió en el interior, donde decenas de condenados disfrutaban de los rigores de la justicia humana.

¿Y otros? Los que matan fríamente con los venenos de la calumnia y roban la fortuna del Estado y sacrifican vírgenes indefensas y traicionan hogares... escapando de toda forma de denuncia con el prestigio de altos cargos, ¿dónde están?

En palacios, en las recepciones de la refinada y frívola aristocracia, en las elegantes fiestas de la rica elegancia.

Ésta es la organización social de nuestro tiempo: un monstruo cruel que pretende tomarse en serio las reglas puras de la moralidad."

8. *El hombre que amó y sufrió*

En 1904, después de dos años de matrimonio, experimentó quizás el mayor golpe de su existencia. La pareja, en un momento de debilidad, traicionó sus votos de fidelidad conyugal.

A pesar del inmenso dolor sentido por amarla tanto, afrontó con resignación la dura prueba, comportándose como un verdadero cristiano, en una sociedad plagada de tabúes y prejuicios y que presionaba psicológicamente al hombre degradado a lavar con sangre su honor herido. En estos casos, los resultados fueron casi siempre trágicos, como en el episodio de Euclides da Cunha, que tuvo repercusiones nacionales.

Al relatar este hecho de la vida de nuestro biografiado, confesamos nuestra reticencia a registrarlo. Sin embargo, asegurándonos de que nunca lo ocultó, cambiamos de opinión. Perdonó a su esposa, pero decidió separarse. A partir de ese momento persiguió su objetivo en solitario.

Fue difícil recuperarse rápidamente de este golpe, que afectó profundamente su salud. Humberto de Aquino (*Revista Espírita de Brasil*, julio de 1935) escribió sobre este hecho:

"(...) Luchó contra los males y vicios de una sociedad hipócrita y fútil, recibiendo de ella, propinado por una mano hermana, el golpe ingrato y punzante que había palpitado su corazón amigo y amoroso. Él mismo, en uno de esos momentos de emoción expresiva e incomprendida, impenetrable por la superficialidad de los tontos y de los insensibles, desandó su propio dolor en estos términos:

"Así que tu amor... vivió sólo lo necesario para la alegría deslumbrante que embriaga, pero huye alevosamente, dejando en el alma un clavel de anhelo que llora sobre la tumba del sueño convertido en ruinas..."

9. El filántropo

El gran tribuno nunca descuidó la práctica de la caridad. Vivió lo que predicó.

En la estela luminosa de su peregrinación por el país encontramos los frutos de su fructífero trabajo.

En Ceará, cuando pasó por aquí en 1910 y 1911, realizó notable labor social, asistiendo a la pobreza de Fortaleza. A través de la prensa impulsó campañas con la esperanza de recaudar recursos. El periódico *Unitario*, del 17 de septiembre de 1910, dando publicidad a la obra que patrocinó, en un artículo titulado "Centro Espírita Cearense - Ayuda a los Necesitados", dice:

"Nadie ignora hoy que el ámbito fundamental del Espiritismo es la práctica de la Caridad.

Los seguidores de Allan Kardec buscan realizar en la vida los más sublimes preceptos enseñados por Jesús y entre ellos, con especial énfasis, el amor encendido por los demás como corolario del amor de Dios. (...)

En este sentido, el Centro Espírita Cearense comienza a actuar, comenzando a cumplir la parte más esencial de su vasto programa.

Y el relacionado con la filantropía: la culminación de sus aspiraciones en el orden moral.

Ayudar en lo posible a los desheredados de la fortuna, como comúnmente se dice, a las viudas, a los huérfanos, a los enfermos, a la pobreza oculta... ésta es la noble tarea que imponen sin reservas los ideales del Espiritismo (...) El Centro Espírita de esta Capital quiere aportar su contingente a la gran obra de civilización en tierras brasileñas y por eso apela a corazones generosos que deseen asociarse al desarrollo de la filantropía en Ceará.

Cualquier donación destinada a quienes lo necesitan será aceptado sin previo aviso y podrá ser enviado a la residencia del Dr. Vianna de Carvalho, en Rua 24 de Maio nº 26, o a esta redacción que será responsable de transmitirlo al Consejo de Directores de dicha sociedad."

En Río de Janeiro, se convirtió en miembro dedicado de la Comisión de Asistencia a los Necesitados de la Federación Espírita Brasileña. Ayudó ampliamente a los centros espíritas del Estado, muy especialmente al Refugio Teresa de Jesús, institución fundada por él y otros agricultores desinteresados, el 1 de enero de 1919, que brindaba gran cantidad de beneficios a niños indefensos.

Aún en Río, creó trabajos para visitar y ayudar a los presos. Propuso dar conferencias a los internos, lo que, lamentablemente, fue inicialmente denegado, según lo describe *Reformador*, el 1 de marzo de 1919:

"(...) Hace algún tiempo, nuestro digno cohermano Vianna de Carvalho solicitó permiso al Ministerio de Justicia para dar algunas conferencias de carácter educativo y moral, en el centro de detención de esta ciudad.

La negativa fue inmediata y categórica, basada en el principio positivista de laicidad del Estado. Una simple nariz de cera oficial, cuando sabes que el clero romano dice misas en su interior (...)"

CAPITULO X LA GRAN CRUZADA

1. Trabajo sui generis

La obra misionera realizada por Vianna de Carvalho puede considerarse única en la historia del Espiritismo en Brasil, porque no sólo se preocupó por sembrar las semillas de las buenas nuevas espíritas en los lugares por los que pasó, sino que casi siempre tuvo la oportunidad para acompañar su floración y fructificación.

En este sentido, su obra fue *sui generis*. La cruzada que emprendió por todo el país no se limitó a predicaciones esporádicas, aunque, debido a su vida militar, acabó teniendo que establecerse en varios Estados, creando, en casi todos ellos, profundos vínculos.

2. El estratega

Su trabajo, sin embargo, sólo logró los objetivos deseados como resultado de una acción metódicamente planificada. Nunca actuó de repente, sin reflexionar; antes de actuar, siempre creó un plan estratégico.

De forma genérica, podemos esquematizar este plan de acción a través de los siguientes pasos:

1) estudio de la región (verificación de la existencia de centros espiritistas; contactos con líderes espiritistas, masónicos e intelectuales interesados en nuevas ideas; identificación de periódicos favorables);
2) celebración de conferencias públicas en casas de amigos, instituciones espirituales, logias masónicas, teatros, asociaciones culturales, cines, etc.;
3) implementación de un estudio sistemático de *El Libro de los Espíritus*, con publicidad en la prensa;
4) fundación y/o reorganización de grupos espíritas;

5) promoción del trabajo asistencial; y
6) controversias.

3. La cruzada

La tribuna cearense recorrió los principales estados brasileños. De norte a sur, de este a oeste, en una vida miserable; de soledad, de muchos dolores y decepciones, pero de compensaciones íntimas inimaginables para la mayoría de nosotros, trajo la luz y la verdad del mensaje inmortal de los espíritus.

En los siguientes temas seguiremos, paso a paso, la extraordinaria peregrinación de este caminante de la tercera revelación.

3.1 - Río de Janeiro

3.1.1 - Reminiscencias

(...) La Ciudad Maravillosa apenas comenzaba a despojarse de su antiguo aspecto colonial, pues fue adornada con comodidades que, aún hoy, empiezan a parecer cosas viejas (...) Ni rascacielos, ni tranvías eléctricos y demás- llamados motores de combustión. El asfalto era un mito (...) La Federación no soñaba con construir una sede, ni se hablaba de la Avenida Passos.

Ella, la Federación, se apretó y expresó allí, en el 1° y 2° piso de la Rua do Rosário, 97, en un 'rosario' de armonías.

Y se podía ver a un Geminiano Brasil, a un Aristides Spinola, a un Abel de Matos, a un Pedro Richard, a una Vianna de Carvalho, compitiendo para validar un programa de alta fraternidad a través de la ejemplificación. Y había fraternidad, de hecho (...).

En este extracto, Manoel Quintão (*Cenizas de mi Cenicero*, pp. 39-40) describe el entorno de la entonces capital de Brasil, en los albores de este siglo.

Fue en este clima que Vianna de Carvalho trabajó en el campo espírita en Río de Janeiro.

3.1.2 - *El primer centro y el inicio de la misión*

Si bien se convirtió al espiritismo cuando asistió a la Escuela Militar de Ceará, en 1891, recién iniciaría efectivamente su misión espiritual en 1895, luego de ser trasladado a la Escuela Militar de Praia Vermelha, en Río, el 11 de febrero de 1895.

Eligió como su primer grupo el Centro de la Unión Espírita de Propaganda en el Brasil, institución histórica creada el 3 de octubre de 1881 con el nombre de Centro de la Unión Espírita del Brasil, resultado del primer congreso espírita realizado en el país, el 6 de septiembre, 1881, y cuyo propósito era aglutinar y orientar a las sociedades espíritas. En 1889, el centro fue reorganizado por Bezerra de Menezes, y Carlos de Lima e Cime y el Dr. Ernesto dos Santos Silva. Posteriormente, en 1894, la institución fue reinstalada por el profesor Angeli Torteroli, cambiando finalmente su nombre por el de Centro de la Unión Espírita de Propaganda en el Brasil.

Vianna se unió a esta sociedad. A los veintiún años - era el más joven del grupo -, inició su misión como orador, ocupando la tribuna casi todas las noches, ante un público compacto de aproximadamente seiscientas personas.

Esta actividad duró hasta marzo de 1896, cuando fue trasladado a la Escuela Militar de Porto Alegre.

3.1.3- Otros tiempos en Río

Río de Janeiro fue el estado en el que más trabajó. Siendo la capital de la República, debía, por determinación militar, regresar allí periódicamente.

En 1898 lo encontramos nuevamente dando conferencias en el Centro da Unión Espírita de Propaganda en el Brasil y en otros grupos, que comenzaron a solicitarlo. Participó activamente en el congreso espírita celebrado en aquella ocasión. Hasta 1905 estuvo activo en Río de Janeiro y en viajes por el interior del estado, cuando fue trasladado a Mato Grosso.

En 1907 volvió a matricularse en el curso de la Escuela Realengo. Continuó sus actividades, asistiendo a varias asociaciones, comenzando también a trabajar más intensamente en la Federación Espírita Brasileña, convirtiéndose en orador oficial en varias sesiones conmemorativas, habituales en la época, ya sea en la propia FEB, en el Cine-teatro Odeón o en el de honor de la ex Asociación de Empleados Comerciales, ante auditorios siempre llenos. Todavía en 1907 comenzó a escribir regularmente en *Reformador*.

Al regresar de Paraná, en 1912, inició un persistente trabajo encaminado a unificar grupos espíritas de los suburbios, lo que resultaría en la fundación de la Unión Espírita Suburbana, en 1916, bajo la presidencia de Manoel Fernandes Figueira.

Junto a su gran amigo Ignácio Bittencourt, también orador de múltiples cualidades, representó a la Federación en varias ocasiones en diversas sociedades espíritas de la capital y del interior, y en numerosas asociaciones neutrales que los invitaban a exposición doctrinaria.

Posteriormente, junto a Samuel Caldas e Ignácio Bittencourt, fundó el Centro Cáritas, que sería presidido por Ignácio hasta 1943.

Entre 1914 y 1916 se dedicó a la propaganda doctrinaria en los suburbios. En 1917, al regresar de Rio Grande do Sul, desarrolló una intensa campaña contra el fraude y las trampas en grupos descarriados que se decían espiritistas.

A principios de 1919 estuvo brevemente en Río de Janeiro. En 1920, al regresar, trabajó con varios grupos, entre ellos la Unión Espírita Suburbana, Gremio Nazareno, Preito a Jesus, Centro Antônio de Padua, Grupo Espírita Sebastián, Centro José de Abreu, Unión de los Trabajadores de Jesus, Centro Humildad y Tienda Espírita de la Caridad.

3.1.4- Un interrogatorio militar

En 1919, fue citado a comparecer ante sus jefes militares en Río, debido a presiones de miembros del clero alagoano. Uno de sus jefes, volviéndose hacia él, le preguntan irónicamente:

- Entonces, ¿estás creando problemas a las fuerzas militares dondequiera que vayas?

Vianna se inclina en señal de respeto, obediente a la jerarquía militar, pero permanece impermeable.

La investigación improvisada se organizó para infundirle miedo. Él, sin embargo, mira con calma a los ojos de sus superiores. En un momento pidió permiso para responder a las acusaciones que se le hacían... el permiso le fue negado.

Los interrogantes continúan, cuando el general que presidió la sesión, en un momento de intemperancia, refiriéndose al Espiritismo, dice:

— Esta es una Doctrina satánica y abyecta, que ni siquiera tiene una definición...

El tribuno militar lo saluda respetuosamente, pero responde:

— Su Excelencia General se equivoca. Quizás usted tenga un profundo conocimiento de las estrategias militares, pero estoy seguro, por lo que demuestra como profano, que ignora por completo la ciencia espírita.

El interlocutor se levanta y alzando la voz le pregunta:

— Entonces dígame, capitán, ¿qué es el Espiritismo?

Vianna, teniendo finalmente la oportunidad de hablar y defenderse, responde:

— Según Allan Kardec, es la ciencia que se ocupa del origen, la naturaleza, el destino de los espíritus y las relaciones que existen entre el mundo espiritual y el mundo material...

Hay una pausa; hay un impacto. El general lo mira sorprendido y admirado. Y Vianna añade:

— El Espiritismo es la religión de todas las ciencias; es la ciencia de todas las filosofías; es la filosofía de todas las religiones, porque sólo el Espiritismo puede ayudar a la ciencia a salir del laberinto en el que se encuentra debido al materialismo.

Dos compañeros que lo acompañaban sonrieron discretamente al darse cuenta del efecto de sus lúcidos y elocuentes argumentos.

El interrogatorio continúa un rato más. Y al final, el general, que a pesar de ser duro era un hombre justo, no le aplica ningún castigo según las normas militares. Sin embargo, para evitar problemas con el clero, lo trasladó a Curitiba.

3.2 - Río Grande del Sur

3.2.1 - Los primeros contactos

En marzo de 1896 fue trasladado a Porto Alegre para continuar sus estudios en la Escuela Militar.

En la capital de Rio Grande do Sul, la Doctrina Espírita fue difundida por algunos pioneros, en particular doña Mercedes Ferrari, mujer culta y valiente y Joaquim Xavier Carneiro, líder del Grupo Espírita Allan Kardec y fundador de la *Revista Espírita de Porto Alegre*, el 4 de septiembre de 1898, órgano del mencionado centro y que circularía hasta 1905.

El viejo Carneiro, como se le conocía, gozaba de prestigio e influencia por sus costumbres austeras y prácticas caritativas. Vianna lo buscó, obteniendo de él una lista con nombres y direcciones de simpatizantes del Espiritismo, logrando reunirlos en una casa abandonada en el barrio del Partenón. Según la revista *Verdad y Luz*, del 18 de julio de 1922, el sencillo edificio no tenía mesa ni sillas. De pie, unos catorce o quince espectadores escucharon las alentadoras palabras del cadete y su cálido llamamiento para difundir mejor la doctrina en la ciudad. A partir de entonces, en la planta baja de una casa comercial de la Rua dos Andradas, comenzó a funcionar un centro de estudios.

Estuvo al frente de este grupo hasta 1898, cuando regresó al Distrito Federal. Fueron dos años de intentos, interrupciones y reinicios de las actividades de la institución en Porto Alegre, pero suficientes para integrar el grupo histórico de pioneros espíritas en el Estado.

3.2.2 - Santa María da Boca do Monte

Sólo dieciocho años después, en 1916, cuando se embarcó hacia la ciudad de Santa María da Boca do Monte, regresó a las pampas de Rio Grande do Sul. Allí tuvo la oportunidad de fundar y reorganizar varios grupos y dar una serie de conferencias, que fueron, brevemente, publicadas en las páginas del *Diario del Interior* y, posteriormente, reproducidas en la prensa de Rio Grande do Sul.

En septiembre de 1917, procedente de Río de Janeiro, regresó a Santa María, como ayudante de la 9.ª Brigada de Infantería, por encargo del Ministerio de la Guerra, permaneciendo quince meses. Durante este tiempo prestó relevante servicio de propaganda doctrinaria.

3.3 - Mato Grosso

3.3.1 - En Cuiabá

El inicio del Espiritismo en Mato Grosso se remonta al 30 de noviembre de 1896, cuando unos militares, en la ciudad de Cáceres, fundaron el Grupo Espírita Fe y Caridad, cuyo directorio estaba integrado por João de Campos Vidal, Manoel Nunes de Barros, Júlio Sanderes Palomares y Antônio Juliano da Silva.

En marzo de 1904, Vianna de Carvalho fue trasladado al 8.º Batallón de Infantería, pero permaneció, hasta el año siguiente, en el Colegio Militar de Río de Janeiro. En septiembre de 1905, por voluntad propia, solicitó la dispensa del Colegio Militar, y el 27 de octubre del mismo año se presentó al citado Batallón al que pertenecía, en la ciudad de Cuiabá.

Sin embargo, a raíz de problemas personales que afectaron profundamente su salud, se le concedió una licencia de cuatro meses, a partir de diciembre, para su tratamiento. Aunque era licenciado y se encontraba en mal estado de salud, no se detuvo y se sumergió en cuerpo y alma en las tareas espiritistas en Cuiabá.

3.3.2 - De las reuniones domésticas al Centro Espírita Cuiabano

Según investigaciones realizadas por el cohermano Jorge Hessen, al llegar a la capital de Mato Grosso, Vianna encontró grupos familiares de reuniones espíritas que, ocasionalmente, ocurrían en la casa de oña Nenê Pitalunga y el capitán Pedro Ponce. Vianna buscó impulsar el movimiento espírita local, escribiendo artículos en un semanario que circulaba allí. Sin embargo, no tuvo mucho éxito debido al poco interés por parte de la comunidad predominantemente católica. El mayor Otávio Pitalunga, espiritualista convencido, coincidió entonces con Vianna en la estrategia de simular un debate, como si fuera católico, a través de la prensa, para despertar el interés en torno a la doctrina sistematizada por Allan Kardec.

Así, los supuestos polemistas de cada facción religiosa se posicionaron en bandos antagónicos. Pronto aparecieron otros contendientes, en particular el Dr. Luís Alves da Silva Carvalho, juez, católico, que estuvo dispuesto a defender públicamente su fe, según lo acordado con el arzobispo don Carlos Luiz D'Amour, un erudito prelado, nacido en Francia.

Moralmente correcto, quería el Dr. Luís Alves conoció los postulados kardecianos para refutarlos mejor, pero el arzobispo lo desaconsejó, con el argumento que los libros espiritistas estaban prohibidos por el Índice católico. Sin embargo, considerando su conciencia, el juez le desobedeció. Compró, leyó y estudió las obras de codificación y, de acusador, pasó a ser defensor de nuevas ideas, incorporándose al grupo al que antes se oponía. Este hecho tuvo un gran impacto en los círculos sociales de la ciudad.

La cruzada de Vianna se prolongaría hasta 1907. Fruto de su labor se creó el Centro Espírita Cuiabano, creado el 6 de febrero de 1906, dotado de todos los servicios básicos para una buena difusión doctrinaria.

3.4 - Ceará

3.4.1 - Fortaleza en 1910

"Cuando llegué a Fortaleza, hacia 1910 (...) estaba oscureciendo. Desde la ventanilla del tren, a través del humo que despedía en oscuras bocanadas la locomotora en movimiento, me deslumbraba la luz de los motores de combustión de gas.

Cuando me bajé en la Estación Central me quedé asombrado por la multitud que había allí; y, más aun, cuando logré encontrar a mi hermano (...) me tomó de la mano y me llevó al Hotel Caninana (...)

Toda la Praça da Estação, que sirvió de telón de fondo a la Fábrica Proença, estaba literalmente llena de carros y una pirámide de troncos de leña, con la estatua del General Sampaio apenas visible (...)

El otro día, con el sol brillando, visitamos la Praça do Ferreira, donde tomamos un refrigerio en el Café do Comércio, un quiosco artístico hecho en madera. Había otros, uno en cada esquina de la Plaza: Café Java, Café Elegante y Restaurante Iracema. En el centro de la pasarela, por falta de aceite, una vieja veleta gemía sobre un hoyo rejado. Llenó un inmenso tanque de agua pintado de color púrpura terroso.

El centro, rodeado de rejas de hierro pintado imitando el bronce, ofrecía a mis ojos un hermoso jardín (...)

Cuatro filas de bancas de talisca verde estaban ocupadas por una verdadera multitud: algunos leían *El Martillo*, otros *Lectura Para Todos*, otros *Jornal de Ceará* o *La República*.

(...) Era hermosa, Fortaleza, a pesar de ser tan pobre y seguir caminando descalza (...)"

Esta descripción hecha por el poeta y artista cearense Otacílio de Azevedo (*Fortaleza Descalça*, pp. 23-24), nos da una idea de la capital alencarense a principios de siglo. Transcribimos este extracto porque, casualmente, tenemos una imagen fiel de la ciudad en el año de la llegada de Vianna.

El 2 de mayo de 1910 se presentó a la Inspección de la 4ª Región Militar de Ceará, para ejercer en las oficinas de telégrafos. Sobre su desembarco, el diario *La República*, el mismo día, informó:

"A bordo del "Brasil", llegó ayer desde la Capital de la República nuestro ilustre amigo y compatriota, el primer teniente Dr. Manoel Vianna de Carvalho, hijo de nuestro venerable amigo el mayor Tomás Antônio de Carvalho, presidente del Ayuntamiento.

Numerosos amigos asistieron a su desembarco.

Se instaló en casa de un amigo, vecino de su padre, en la Rua 24 de Maio, entre las actuales calles Senador Alencar y Castro e Silva. Vivía a menos de cincuenta metros de la Praça da Estação, exactamente la plaza descrita anteriormente por Otacílio de Azevedo."

A pesar de las reformas llevadas a cabo por el alcalde Guilherme Rocha, a partir de 1902, que la embellecieron enormemente, Fortaleza seguía siendo una ciudad con aire provinciano y hegemónicamente católico.

3.4.2 – Movimiento espírita en Ceará: primeros pasos

El Espiritismo en Ceará floreció en la última década del siglo XIX, en Fortaleza, gracias a la persistencia del gran pionero Demétrio de Castro Menezes (1849 - 1920), fundador del Grupo Espírita Fe y Caridad. Con el cambio de siglo, surgieron dos grupos más en la ciudad de Maranguape, Verdad y Luz - que publicó, en 1901, el periódico *Luz y Fe* - y Caridad y Luz, organizado en agosto de 1902, y que también publicó un periódico llamado *Doctrina de Jesús* y mantuvo una institución educativa, la Escuela Cristiana, de 1902, quizás la primera escuela vinculada a una sociedad espírita en Brasil. Sin embargo, lamentablemente, estos grupos de reuniones familiares, por razones que desconocemos, no duraron mucho tiempo, ya no existía cuando llegó Vianna.

3.4.3 – El Centro Espírita Cearense

El gran impulso de la doctrina de los espíritus en Ceará solo se produjo efectivamente a partir de 1910, con la llegada de nuestro sujeto. Su estancia en Fortaleza, desde mayo de ese año hasta noviembre de 1911, estuvo llena de logros. Su apasionado amor por la causa espírita lo impulsó a un ritmo de acción incansable.

Tan pronto como llegó, intentó reunir fuerzas para organizar el movimiento espírita local.

Publicó, repetidamente, en las páginas del periódico *Unitario*, anuncios y pedidos como éste:

"Pido a los espíritas del interior de Ceará, así como a los socialistas, masones, librepensadores, partidarios de las ideas modernas en general, que me envíen sus direcciones con fines propagandísticos.

Vianna de Carvalho Dirección: Rua 24 de Maio, n° 26."

Luego impulsó el estudio sistemático de *El Libro de los Espíritus*, realizando conferencias semanales en los salones de las logias masónicas Amor y Caridad, Igualdad y Libertad. Estas conferencias comenzaron a publicarse, de forma sintética, en los diarios Unitario y La República.

Las conferencias tuvieron un impacto extraordinario, provocando una reacción inmediata de los líderes católicos, quienes, a través de los periódicos *Cruzeiro del Norte* y *El Bandeirante*, lucharon contra el Espiritismo y su fiel heraldo. Esta insidiosa campaña, en lugar de causar daño, aumentó enormemente el interés en la Doctrina criticada. Sin embargo, el corolario de la fructífera labor de este hijo de Icó fue la fundación, en junio de 1910, del Centro Espírita Cearense, que funcionaría en la Rua Santa Isabel, No. 105[14] justo en el corazón de la ciudad.

Unitario, en su edición del 22 de junio, registró este memorable evento.

"El domingo (19), a la una de la tarde, tuvo lugar en la mansión Fênix Caixeiral la sesión solemne de fundación del Centro Espírita Cearense.

---

[14] Actualmente, Rua Princesa Isabel, 255, donde funciona la Federación Espírita del Estado de Ceará - FEEC.

Estuvo presidida por el ilustre magistrado Sr. Juez Olympio de Paiva, quien fue servido por el Sr. Miguel Cunha y como secretario Francisco Prado.

Después de la apertura de la sesión, fue aclamada la siguiente junta provisional: Presidente - Magistrado Olympio de Paiva; el vicepresidente primero, Antônio Carneiro de Souza Azevedo; Vicepresidente segundo: Demétrio de Castro Menezes; 1er Secretario - Miguel Cunha; 2° Secretario - José Carlos de Mattos Peixoto; Tesorero de Íco - Alfonso de Pontes Medeiros; 2° Tesorero - Theóphilo Cordeiro de Almeida; Ponente - Dr. Francisco Prado. Luego tuvo la palabra el Sr. Dr. Vianna de Carvalho, quien produjo una brillante y erudita pieza de oratoria discutiendo extensamente sobre la Doctrina Espírita. Su Señoría fue aplaudido salvajemente.

A continuación, oró don Miguel Cunha, quien presentó los principales medios que deben ser puestos en práctica para la amplia y eficaz propaganda del Espiritismo en nuestro medio social.

A la sesión asistieron numerosos ilustres caballeros y varias familias, que firmaron el acta de fundación de la nueva asociación. Hubo una gran cantidad de personas que se inscribieron como miembros del Centro Espírita Cearense.

A los trabajadores miembros del Centro, les enviamos nuestros mejores deseos para que tengan pleno éxito en su más noble *desiderátum*."

En la conferencia de inauguración del Centro, Vianna lamentó que en Ceará...

"(...) allí donde se han realizado las más bellas empresas, aun no se ha realizado la imperiosa necesidad de organizar un centro espírita, [15] mientras que, en otros Estados, incluso en los más lejanos, el Espiritismo ha cultivado profundamente su acción benéfica a través de sorprendente profusión de todas las enseñanzas capaces de remodelar sentimientos incompatibles con la verdadera y genuina religión de Cristo. Dijo además que fue en nombre de la Federación Espírita Brasileña que habló así y pidió al Presidente declarar, en nombre de esa conspicua corporación, el Centro Espírita Cearense fundado en esta capital.[16]"

El Centro Espírita Cearense comenzó a desarrollar notables servicios en el campo de la propaganda doctrinaria (promoción de estudios, conferencias, creación del periódico *El Lábaro*, etc.) y en el campo de la asistencia. En un intento de brindar apoyo a la institución, frente a los ataques del clero, algunas familias publicaron notas de agradecimiento en los periódicos, como la que sigue extraída del *La República*, del 31 de mayo de 1911.

Curada por el Espiritismo

Nosotros, los abajo firmantes, nos complace hacer público todo el agradecimiento que debemos al Centro Espírita Cearense por la curación realizada en sus sesiones en la persona de doña María Ferreira de Queiroz, de quien somos familia.

Esta señora padecía desde hacía ocho años una neurastenia severa, con manía severa, uno de los aspectos en los que se manifestaba la alienación mental. Durante todo este tiempo recurrimos a diferentes médicos, desperdiciamos todos nuestros escasos recursos en preparados farmacéuticos.

---

[15] Se refiere a un centro espírita legalmente constituido.
[16] Acta de fundación del Centro Espírita Cearense.

Cuando finalmente nos desilusionamos, nos dirigimos al Centro Espírita. En dos o tres meses obtuvimos toda la salud que habíamos buscado durante ocho años para este paciente. Juzgue quien nos lee qué alegría sentimos, cuando nuevamente vimos en toda su plenitud de salud a tan querida persona.

Realmente sentimos lo incompleta que es esta muestra de agradecimiento, que es la única forma que se nos ocurre y, como sabemos, todo está en la intención.

Por lo tanto, reafirmamos nuestro agradecimiento al digno Centro y esperamos profundamente que siga irradiando felicidad a todos aquellos que, como nosotros, se acercan a él.

Fortaleza, 30 de mayo de 1911.

María F. de Queiroz Vicente Vieira de Queiroz

Joanna Ramos da Silva Anna Ramos de Queiroz Amélia Ramos de Queiroz Laudelina de Queiroz

João Ramos de Queiroz José Ramos de Queiroz Lídia Ramos de Queiroz María Ramos Galvão Argentino de Paulo Galvão Emesina da Silva Ignádo

Gadelha Francisco Ramos de Queiroz.

A partir de Fortaleza, Vianna de Carvalho sufriría una intensa persecución por parte de influyentes miembros de la iglesia, quienes comenzaron a suplicar a las autoridades militares su traslado. Así, en noviembre de 1911, después de un año y seis meses de grandes servicios a la causa, partió hacia la capital federal.

La República, el 14 de noviembre de 1911, dejó constancia de su despedida.

"Nuestro ilustre amigo Dr. Manoel Vianna de Carvalho, Primer Teniente del Ejército, tomó pasaje a bordo del Ceará con destino a Río. A su embarque asistieron numerosos amigos y admiradores del insigne soldado, a quienes deseamos un próspero viaje."

3.4.4 - *Notas*

Los principales órganos de prensa del estado dieron, a través de comunicados de prensa, una amplia cobertura de las actividades de Vianna. Por curiosidad, hemos seleccionado algunos:

"#Fue muy popular la conferencia realizada ayer en la Logia Igualdad por el Dr. Vianna de Carvalho, en una sesión teórica en el Centro Espírita Cearense. El orador resumió el estudio anterior - Pruebas de la Existencia de Dios -, y luego habló extensamente sobre los atributos divinos. El próximo viernes tratará un tema de gran relevancia, cuyo resumen publicaremos a tiempo para conocimiento de nuestros lectores."

La República (8 de julio de 1910).

"El Dr. Vianna de Carvalho nos informa que, por conveniencia de la publicidad, las sesiones en el Centro Espírita Cearense se trasladaron a los viernes. Así que mañana habrá un estudio de *El Libro de los Espíritus* en la sala de Logia Igualdad, en la calle Senador Pompeu, a las 19 horas. La entrada está, como siempre, abierta al público."

La República (14 de julio de 1910).

"Mañana el Dr. Vianna de Carvalho, continuando con la exposición sistemática de la Filosofía Espírita, brindará una conferencia en el Templo de la Logia Libertad (Rua Tristão Gonçalves) a las 19:30 h. Sabemos que el tema es muy relevante porque toca muchas cuestiones relacionadas con la sociología."

Unitario (17 de enero de 1911).

"El ilustre Sr. Dr. Vianna de Carvalho tuvo la amabilidad de invitarnos personalmente a asistir a la sesión solemne en conmemoración de la desencarnación de Allan Kardec, creador del Espiritismo, promovida por el Centro Espírita Cearense.

Esta sesión, que será pública, tendrá lugar el próximo viernes 31 del presente año, en el Templo de Logia Igualdad, a las 19 horas. Nos confesamos agradecidos."

Unitario (28 de marzo de 1911).

"El próximo viernes, el Centro Espírita Cearense realizará una sesión conmemorativa en honor a Jesucristo en el edificio Fênix Caixeiral a las 2 de la tarde."

Unitario (11 de abril de 1911).

3.4.5 - De nuevo en Fortaleza

En octubre de 1923, Vianna regresó a Fortaleza como jefe interino del Estado Mayor de la 7ª Región Militar, con sede en Recife, desempeñando un importante encargo en el Ministerio de Guerra. Aprovechó la oportunidad para ver amigos y dar conferencias en el Centro Espirita Cearense, que entonces ya contaba con sede propia, y en la Logia Libertad. Sin embargo, su estancia fue de solo unos días.

El 10 de abril de 1924 regresó, esta vez para asumir el papel de supervisor del 23º Batallón de Cazadores. Un amplio círculo de amigos y admiradores lo recibieron con alegría en el punto de desembarco.

En julio de ese año asumiría el mando interino del citado batallón, según consta en el diario *Correo de Ceará*, de fecha 19 de julio de 1924. Nuevo Comandante del 23° Batallón de Cazadores.

"En carta fechada el 16 de este año, el Mayor Vianna de Carvalho nos informó que había asumido el mando interino de la Guarnición Federal y del 23 BC estacionado en esta capital, dado que era el comandante efectivo, el Sr. Teniente Coronel Ben - Tenmüller, designado para asumir el mando de la 7ª Región con sede en Recife.

Al nuevo comandante del 23 BC, uno de los oficiales más distinguidos de nuestro Ejército, le deseamos mucho éxito en el desempeño de las funciones encomendadas a su competencia."

Permanecería en Fortaleza hasta el 11 de septiembre de 1924. Mientras tanto, impartió conferencias y participó de actividades culturales. Después de trece años de su fructífera tarea en la organización del movimiento espírita en Ceará, no encontró la misma resistencia que antes, porque, además del respeto que le imponía su nuevo cargo y función, varios intelectuales, figuras conspicuas en la sociedad de Fortaleza, se había convertido al Espiritismo. Entre ellos destacó el teniente coronel Francisco de Sá Roriz (1870 - 1925), quien fue jefe de policía en el gobierno del general. Setembrino de Carvalho, y fundador, en 1916, de la Facultad de Farmacia y Odontología. Médium con amplios recursos, Sá Roriz atendía habitualmente a la gente en su residencia de la Avenida Tristão Gonçalves. Lo encontramos en el periódico Diario de Ceará, nota de 30 de abril de 1924, alusiva a una conferencia impartida por Vianna en su casa.

"Una conferencia del mayor Vianna de Carvalho ayer por la noche, el célebre co-estado intelectual Mayor Vianna de Carvalho, en la residencia de nuestro leal amigo el Teniente Coronel Sá Roriz, con la presencia de innumerables personas, dictó una importante conferencia científico-literaria sobre la Ciencia Espírita frente al Cristianismo.

El conferenciante habló durante más de una hora, explicando y discutiendo brillantemente el tema elegido para el tema, citando experiencias curiosas, haciendo que su interesante conferencia causara una grata impresión."

3.4.6 - La cura de Peixotinho

En 1923, Vianna conoció al joven Francisco Peixoto Lins (1905-1966). Peixotinho, nombre con el que sería conocido en el ambiente espírita, padecía una terrible obsesión. Rodeado de perseguidores invisibles, se vio abrumado por una extraña fuerza física, volviéndose capaz de luchar y derrotar a varios hombres, a pesar de estar físicamente débil. Este estado anómalo ocurría casi todo el tiempo. Como resultado, un día permaneció en estado cataléptico durante unas veinte horas. Tras este episodio sufrió una parálisis que lo dejó en cama durante seis meses.

En ese momento, uno de sus vecinos, miembro del Centro Espírita Cearense, dispuesto a ayudarlo, le dio a la familia el nombre de Mayor Vianna de Carvalho, entonces en comisión militar en la ciudad.

Ante la resistencia de los familiares católicos, el tratamiento espiritual se dio en la propia casa de Vianna.

El hermano Marcus V. Monteiro, sobrino del médium, me dijo que su abuela, Doña Raimundinha

Peixoto, madre adoptiva de Peixotinho, le contó que durante los pases aplicados por Vianna al joven obsesionado, notó que de las manos del pasador salían luces extrañas.

Tan pronto como pudo caminar, Peixotinho comenzó a asistir, por sugerencia de Vianna, al Centro Espírita Cearense, iniciando su formación mediúmnica y, en el futuro, convirtiéndose en uno de los más famosos médiums de materializaciones y efectos físicos.

3.5 - Alagoas
3.5.1 - La primera vez

La primera incursión de Vianna de Carvalho en el estado de Alagoas tuvo lugar, nos parece, en 1910. Estando en Fortaleza, recibió una invitación para dar una conferencia en Maceió, según noticia de *La República*, del 13 de julio de 1910.

El señor Dr. Manoel Vianna de Carvalho recibió, de la Federación Espírita Alagoana, una honorable carta invitándolo a ir a Maceió para realizar algunas conferencias sobre cuestiones espíritas.

Sabemos que el Dr. Vianna aceptaría la invitación que se le dirige.

3.5.2 - En 1913

A principios de 1913 pasó a servir en Maceió, donde, además de dar conferencias, algunas de las cuales fueron resumidas en el periódico *Correo de Maceió*, reorganizó los grupos espíritas que estaban en decadencia. Su estancia ese año fue breve pero fructífera.

3.5.3 - Estancia turbulenta

En 1919, procedente de la capital federal, regresó a Maceió. Esta vez, ya más conocido, sería el protagonista de las polémicas más graves de su existencia.

Maceió era una ciudad burguesa y ultraconservadora en cuanto a tradiciones religiosas. Uno de los primeros casos que le sucedieron ocurrió cuando las autoridades católicas intentaron impedir sus conferencias. Una noche, al no poder hablar en la Asociación Comercial y en la Logia Masónica, decidió predicar en una de las principales plazas de la ciudad. Invitó a sus amigos, fue a la plaza pública e improvisó un puesto de cajones de queroseno en el quiosco central. Sin embargo, la policía le impidió hablar "en nombre de la ley." Él, cumpliendo la ley, se retiró obedientemente. Pero, poseyendo ese mismo ardor que Pablo de Tarso, iba con sus amigos a un lupanar y predicaba de noche, convirtiéndose, en medio de las vibraciones negativas del ambiente, en un drenaje de Cristo, desviando las miserias de la Tierra.

Las fuertes presiones continuaron, pero no lo amedrentaron. La revista *Reformador*, el 1 de abril de 1919, en su editorial, bajo el título "Fariseísmo Rojo", publicó una protesta indignada por la actitud de los "vicarios vestidos", quienes llegaron incluso a solicitar la detención de Vianna, por el simple hecho de ser espírita. En un momento el editor dice:

"Maceió no es, hasta donde sabemos, ningún Canudos remoto, ni Lages donde cualquier monje ignorante y disoluto reúne legiones para cruzadas de odio y exterminio (...)"

Sin embargo, fue suficiente que nuestro querido compañero anunciara y diera allí algunas conferencias espiritistas para que el grupo, en público, pidiera al gobierno del estado la prohibición de tales conferencias - e incluso (*risum teneatis*) el arresto de nuestro amigo.

"¡La prisión! ¿Nuestros lectores te escucharon bien?

La detención de un alto oficial del Ejército brasileño, de un ciudadano ilustre, íntegro, digno, cumpliendo con sus deberes por el feo crimen, por el imperdonable crimen de decir sobre su credo lo mismo que ellos, los *roupetas*, dicen desde sus púlpitos, solo con una diferencia: es que Vianna de Carvalho es un orador concienzudo que sabe lo que dice y cómo lo dice, extremo de todos y cada uno de los intereses, salvo el de beneficiar al prójimo por amor al mismo prójimo y ellos, sus infractores gratuitos, si se puede considerar a los brasileños, no dejan, como tales, de recibir la contraseña del Vaticano por el bien de su trabajo (...)"

Dos meses después, las presiones continuaron. De nuevo *Reformador*; en la columna "Ecos y hechos" de la edición del 16 de junio de 1919, se desarrolla el episodio:

"(...) Al principio, desconociendo su temperamento intelectual y moral, el clero de Alagoas, por autoridad de su Obispo, atacó a su ilustre cohermano, con esa virulencia y mujeriego que caracterizan a quienes están acostumbrados a un mandonismo indiscutible; pero, pronto convencido que había un oponente tan brillante como resiliente y viendo que la insinuación al Gobierno del Estado de expulsarlo de sus dominios no surtió efecto - como si aquello fuera un pedazo del Vaticano -, cambió de táctica y nombró a Monseñor para que abogara aquí en Río de Janeiro por el traslado del ilustre funcionario (...)

Lamentablemente, el gobierno federal accedió a la estratagema y ordenó su traslado a Curitiba.

Antes de partir; sin embargo, se despidió, sacrificando su salario militar, para permanecer algunas semanas más en Maceió, para ver fructificar su auspiciosa siembra."

3.6 - Paraná

3.6.1 - En Curitiba

Estuvo dos veces en la capital de Paraná. En el primero, por la imposición del servicio militar, en 1912, cuando impartía conferencias doctrinarias y escribía, casi a diario, artículos en el diario *Diario de la Mañana*. La segunda vez, a mediados de 1919, después de la temporada tumultuosa en Alagoas.

Aludiendo a su traslado a Curitiba, el Reformador, del 16 de julio de 1919, comenta:

"(...) Incluso recientemente en Alagoas sostuvo solo (...) una formidable polémica con el clero enojado y rencoroso (...) Y que su compañero fundó allí varios centros de estudio y propaganda, organizando vocaciones y disciplinando los deseos que encontró allí latente y sin uso (...)

Ahora, en Paraná, el caso cambia; porque el hermoso estado del Sur es, sin favor, uno de los que se destaca en la demostración doctrinaria, desde la primera hora (...) Vianna acude pues al seno de una familia que lo conoce como legítimo representante del patrimonio común y donde vuestro espíritu encontrará una rica cosecha de afecto, en un campo de acción tratado con amor. (...)"

De hecho, el movimiento espírita en Paraná fue liderado por un grupo de trabajadores de élite. Vianna de Carvalho mantuvo contacto con J. Rocha, considerada la madre de la pobreza local, y con el periodista emérito espírita Hugo Rey. Emocionado, el tribuno cearense escribe a sus cohermanos de Río de Janeiro, dándoles buenas noticias sobre las posibilidades de servicio en la tierra de los viejos pinares y, una vez más, *Reformador*, atento a sus pasos, destaca en la edición del 16 de agosto de 1919:

"Desde Paraná, donde ya está instalado, Vianna de Carvalho nos envía un puñado de flores en sus deseos de buen humor, aplicados a los sagrados intereses de la causa común (...)"

3.6.2 - Conferencias

Además de escribir en el *Diario de la Tarde*, hacerlo asiduamente; se apoderó de los auditorios de la Federación Espírita de Paraná y de otras sociedades similares.

Como el público que quería escucharlo era muy numeroso, se realizaron algunas conferencias en el Teatro Alemán.

Aun en la edición del 16 de agosto, *Reformador* mencionó:

"El distinguido intelectual Dr. Vianna de Carvalho sostuvo anteayer una conferencia doctrinaria en la sede de la Federación Espírita de Paraná, en presencia de un nutrido auditorio, que acudió a esa digna institución para escuchar las palabras del reconocido orador.

La sesión se abre a las 20 horas a cargo del Prof. José Nogueira dos Santos, la palabra fue cedida al Dr. Vianna de Carvalho, quien tomó el tema: Jesús ante Pilatos. Comenzó detallando las preguntas de Pilatos y las respuestas de los más grandes reformadores que han visitado la Tierra.

De la refutación de Jesús: *"Mi Reino no es de este mundo"*, el hablante saca conclusiones de sorprendente belleza, estableciendo dos reinos: - uno, terrenal, temporal, con cetros y tronos, que pesa sobre los pueblos con su grandeza, con su la ambición, con su inconmensurable orgullo; el otro, sereno, flotando sobre las miserias y contingencias de este mundo, en las regiones imponderables de la sabiduría, el amor, la paz, la luz y la verdad, donde la felicidad difunde el perfume de sus indefinibles armonías.

Con una vitalidad apasionante y una riqueza de conceptos admirables, expresados en un estilo que agrada y encanta, el orador busca dar a grandes rasgos un esbozo de la existencia del espíritu humano (...) La conferencia del ilustre cohermano fue coronada con el mejor aplauso para el público.

Después de una feliz y próspera estancia en Curitiba, puso rumbo al estado de São Paulo."

3.7 – Pernambuco

3.7.1 – En Recife

1913 fue el año en que Vianna de Carvalho descubrió Pernambuco. En Recife, sus actividades fueron muchas. Conferencias y nuevas controversias sacudieron los campos católicos de la ciudad. Las hojas *La Provincia* y *Diario de Pernambuco* refieren asistencia de aproximadamente ochocientas personas, con presencia de periodistas, literatos y representantes de todas las clases sociales. Debido a la gran cantidad de curiosos, las conferencias se llevaron a cabo en algunas de las principales logias masónicas locales.

Esta temporada duró hasta 1914, cuando regresó a Río de Janeiro.

Nueve años después, en 1923, regresó a la capital mauriciana para ocupar el cargo de jefe de la sección de Servicios del Estado Mayor de la 7ª Región Militar. Ese mismo año, en agosto, asumió interinamente como jefe del Estado Mayor de la Región. La revista *Verdad y Luz*, del 3 de septiembre de 1923, informando sobre el hecho, dice:

"Para servir en la Región Militar del Ejército Nacional, en Recife, Pernambuco, se embarcó en abril pasado el Mayor Dr. Vianna de Carvalho, la mayor gloria de los oradores espíritas en Brasil.

Nuestros hermanos de Río pierden, con el cambio del querido Vianna de Carvalho, uno de sus dedicados compañeros de propaganda y uno de los más activos y competentes divulgadores de la Doctrina Espírita.

Deseando a este particular amigo y sincero compañero en Jesús mucha suerte en su camino y estancia en Pernambuco, rogamos a Dios que sea para el pueblo de Pernambuco un testimonio vivo de la Doctrina Espírita vivificante y una antorcha sobre la luz de velas para iluminar a las almas que buscan la luz de la verdad."

En esta etapa, inicialmente daba sus conferencias en la intimidad de la casa de la familia Barros, en la Rua do Lima, en Santo Amaro. Con el aumento de espectadores, estas conferencias fueron trasladadas a la sala Charanga do Recife, en la Avenida Marquês de Olinda. También en el Teatro Santa Isabel, dictó otras conferencias, junto a los valiosos líderes pernambucanos, los doctores Otávio Coutinho y Luiz de Góis, y los escritores Manoel Arão y Fausto Rabelo.

Se libraron nuevas controversias, esta vez no solo con líderes católicos, sino también con el conocido profesor y poeta protestante Jerônimo Gueiros. Algunas de las disputas tuvieron lugar en el Teatro Santa Isabel, donde Vianna, junto a los compañeros espíritas antes mencionados, defendió con éxito los postulados kardecianos.

Estos hechos fueron sumamente importantes, ya que sirvieron para sacudir el orgullo de muchos espíritas de Pernambuco, que permanecían anónimos e indiferentes a las luchas religiosas de su tiempo.

3.7.2 - La Cruzada Espírita de Pernambuco

La contribución más significativa de Vianna de Carvalho a Pernambuco fue la fundación de la Cruzada Espírita Pernambucana, institución que reunió a las figuras más significativas del Espiritismo en el estado.

La idealización de la "Cruzada" vino del orador cearense, que pretendía organizarla en la misma línea que la Cruzada Espírita de Río de Janeiro, que él fundó.

En la capital de la República, la sede de la asociación estaba en la Rua do Rosário, 133, y abría los viernes a las ocho. Artistas, así como aficionados, participaron en estos encuentros y les brindaron una valiosa ayuda, interpretando - antes de las oraciones de apertura y clausura - extractos de música devocional. Las reuniones fueron básicamente de dos naturalezas; en algunos trataban de asuntos evangélicos y, en otros, de cuestiones científicas y filosóficas.

La revista *Verdad y Luz* informó, el 3 de septiembre de 1923, de los planes de fundar la Cruzada en la Venecia brasileña:

"El Dr. Vianna de Carvalho, en carta dirigida al Presidente de la Cruzada Espírita, comunicó que en Pernambuco están suscitando las conferencias de la cruzada doña Ivete Ribeiro, que ya habló en la Logia Teosófica Consolación y en varias sociedades espíritas con gran interés y entusiasmo.

En Recife, la Dra. Vianna de Carvalho y varios cohermanos están considerando fundar una Cruzada Espírita similar a la de Río de Janeiro, liberal, tolerante y fraterna (...)"

Luego de una reunión presidida por Vianna, en la casa de la familia Barros, donde estuvieron presentes varios recolectores, se fundó la Cruzada Espírita Pernambucana el 1 de octubre de 1923.

Mencionamos, entre los participantes del acto solemne: Antônio José Ferreira Lima, Manoel Arão, Luiz de Góis, Fausto Rabelo, Ernesto Gameiro Alvares, Otávio Coutinho, Argemira Costa, Albertina Trindade, Ester Nogueira Lima, Elvira Cavandish, Luíza Figueiredo, Cândida Duarte, Djalma Trindade, Agostinho Queiroga, Artur Lima, Manoel Acioly Simões, Firmo Oliveira, Ubaldo Fragoso, Severino Lima y otros.

El compañero Humberto Vasconcelos, de Recife, tuvo la amabilidad de enviarnos copia del acta de la asamblea general para elegir la primera directiva de la Cruzada Espírita Pernambucana, transcrita por el diario *Pernambuco Espírita*, en una publicación correspondiente a los meses de agosto, septiembre y octubre de 1980.

Acta de la Asamblea General de la Cruzada Espírita Pernambucana, realizada el día veinticuatro de enero de 1924.

"A las veinte horas, un gran número de miembros presentes, personas invitadas de diferentes religiones, la sesión de esta tarde fue declarada abierta por la camarada Vianna de

Carvalho, bajo el alegato que la Junta Directiva sería instalada para gestionar los destinos de la Cruzada durante el año 1924, llamando como secretario al hermano Ernesto Gameiro Álvares; Continuando, aclaró que el objetivo de la Cruzada eran las indispensables ampliaciones de las sesiones realizadas en la Rua do Lima, y que debido a la compresión del ambiente, era necesario un lugar más grande en el que se instalara ese núcleo de propaganda espírita, donde él (Vianna de Carvalho) encontraba gran satisfacción en adoctrinar. El secretario Ernesto Gameiro Álvares llamó a los compañeros que tomaban juramento según el orden de convocatoria: presidente, Manoel Arão; Vicepresidente de IO, Profesor Ferreira Lima; Vicepresidente segundo, Dr. Luiz de Góis; el Secretario General, Ernesto Gameiro Álvares; el secretario de Ío, Fausto Rabelo; Secretario 2, Arístides de Queiroz; el tesorero, Alfonso Azevedo; el tesorero adjunto, Nathan Mesel; Director Bibliotecario, J. Porto; el director de Asistencia a los Necesitados, Manoel Costa; Diputadas: Argemira Costa, Albertina Trindade, Ester Nogueira Lima, Zulmira Rabelo Alva, Elvira Cavandish, Luíza Figueiredo, Cândida Duarte y Maria Rabelo Sales Asfora; Comisión de Representación y Propaganda: Relatora, Djalma Trindade; Asistentes: Alexandre Silva, Sérgio Olindense, José Augusto Ribeiro, Agostinho Queiroga, Batista de Oliveira, Adalício Santos y Artur Lima; Consejo Asesor: Relator, A. Cruz Ribeiro; Diputados: Manoel Acioly Simões, Antônio N. Mesquita, Firmo Oliveira, Ubaldo Fragoso y Severino Lima.

Luego, el compañero Vianna de Carvalho hizo saber que la primera Junta Directiva de la Cruzada

Espírita Pernambucana había sido juramentada definitivamente (...)

Concluyó pasando la palabra al compañero Manoel Arão (...) Dr. Máximo Niemayer () tomó la palabra (...) También habló el Dr. Luiz de Góis, con sus elocuentes palabras dando una verdadera demostración de fe. Al tomar la palabra, el Dr. Otávio Coutinho, afirmó la convicción de sus principios (...) Finalmente, utilizó el Hermano Ferreira Lima (...) Al acercarse la hora, el compañero Vianna de Carvalho cerró la sesión, felicitando a los compañeros incorporados, esperando que el Espiritismo, aquí en tierras de Pernambuco, se difunda como una verdad ineludible.

Asesor Manoel Vianna de Carvalho - Presidente de la sesión Asesor Ernesto Gameiro Álvares - Secretario."

3.8 - *Minas Gerais y Espírito Santo*

En un resumen biográfico sobre Vianna de Carvalho, publicado en la revista *Verdad y Luz*, el 18 de julio de 1922, el escritor menciona que, en la primera década de este siglo, cuando se convirtió en portavoz oficial de la Federación Espírita Brasileña, Vianna, junto a Ignácio Bittencourt, realizó numerosas excursiones por el interior de Río de Janeiro y los estados vecinos de São Paulo, Espírito Santo y Minas Gerais.

3.8.1 - Minas Gerais

Búsquedas realizadas. Se realizó la debida diligencia. Y, aun así, no obtuvimos ninguna información adicional, ningún documento que hiciera alusión a la labor misionera de nuestro biografiado en el territorio montañoso. Sin embargo, es probable que haya peregrinado tanto por Minas como por Espírito Santo, ya que, como la edición de *Verdad y Luz*, antes mencionada, era de 1922, los datos biográficos allí contenidos fueron seguramente proporcionados por el propio Vianna de Carvalho, quien estaba todavía encarnado.

En su Fe de Oficio, se relata que en 1920 fue trasladado a la 10.ª Compañía del Tercer Batallón del 110 Regimiento de Infantería, en São João Del Rei (MG), donde se desempeñó como asistente del inspector de armas de infantería. Permaneció en la ciudad de Tiradentes más de cinco meses, lo que lógicamente nos lleva a deducir - es imposible imaginarlo sin acción todo este tiempo -, que había desarrollado actividades doctrinarias en la propia ciudad y en sus alrededores.

3.8.2 - Espíritu Santo

El cohermano Lamartine Palhano hijo, miembro del Círculo de Investigaciones Espíritas, en Vitória, a petición nuestra, investigó, pero no encontró ningún documento relativo al paso de Vianna por el Estado. Sin embargo, Palhano descubrió y donó al Centro de Documentación Espírita de Ceará dos preciosas cartas escritas por Vianna de Carvalho y dirigidas a Jerónimo Ribeiro, gran pionero del Espiritismo de Espíritu Santo.

A través de la correspondencia, comprobamos la estrecha relación de amistad entre Vianna y el líder espírita del Cachoeiro do Itapemirim, así como el importante apoyo que el tribuno cearense le brindó en una etapa difícil de su existencia.

Jerónimo pasó por serios reveses que lo afectaron profundamente. Los malentendidos, las deserciones y la ingratitud de algunos dirigentes del movimiento espírita local lo llevaron a buscar ayuda en amigos lejanos que lograron comprenderlo. En momentos cruciales les pidió "dos líneas de aliento y consuelo para la lucha que se impone en la difusión de la luz que viene del cielo", como él mismo escribió.

Según el libro *Dosier* Jerónimo Ribeiro, fruto del excelente trabajo del grupo de investigadores de Espírito Santo, además de Vianna, otros nombres exponenciales del Espiritismo mantuvieron frecuente contacto epistolar con Jerónimo, destacándose, entre otros: Ignácio Bittencourt, Guillon Ribeiro, Leopoldo Cirne y Ewerton Quadros.

Las dos cartas de Vianna son de 1914, año en el que estalló la Primera Guerra Mundial en Europa.

En la primero, fechado el 20 de marzo de 1914, responde a la invitación de Jerónimo Ribeiro para que él y Ignácio Bittencourt visiten el Asilo Dios, Cristo y Caridad, en Cachoeiro do Itapemirim. Veamos algunos extractos de esa misiva:

"(...) Hablé con nuestro compañero Ignácio Bittencourt sobre el tema de su última comunicación (...) sobre nuestro viaje al interior de Espírito Santo. Ese hermano me dijo que, por ahora, no puede emprender ese viaje debido al enorme aumento de las tareas de publicidad aquí.

Por mi parte, el tema presenta varias dificultades debido al estado de sitio en el que nos encontramos y sobre todo en vista de la preparación de las Fuerzas en la Región donde actualmente presto servicio (...)"

Vianna continúa hablando con entusiasmo sobre el trabajo de difusión doctrinaria en curso:

"(...) Las listas de distribución gratuita de periódicos ya han entrado en plena vigencia, sucesivos envíos de madera se han extendido por todos los Estados brasileños, esperando activar significativamente el movimiento de popularización espírita (...)"

Luego concluye la carta confiando a Jerónimo algunos problemas graves y particulares inherentes al movimiento espírita de Río de Janeiro. En otra correspondencia, fechada el 6 de julio de 1914, le escribió informándole que había hablado extensamente con Ignácio Bittencourt sobre la difícil situación en Cachoeiro do Itapemirim, exponiendo seriamente los resultados de sus reflexiones.

Ignácio y Vianna estuvieron dispuestos a colaborar con su amigo y le abrieron las puertas a nuevas oportunidades laborales. Mientras el orador cearense lo invitó a orientar su proyecto de creación de una escuela infantil en la Federación Espírita Brasileña y el Grupo Discípulos de Samuel, con la ayuda de Análía Franco, con quien ya había establecido contacto, Ignácio le ofreció las condiciones para desarrollar a Trabajo en la ciudad de Valença (RJ), donde la institución espírita hizo fundar una escuela nocturna. Con la presencia de Jerónimò Ribeiro, la escuela tendría nuevos turnos.

Además del consuelo y el aliento espiritual, Vianna, sincero y objetivo, propone que ante los problemas de Cachoeiro, Jerónimo "deje lo más pronto posible la compañía de los espiritistas que lo repudian para buscar la convivencia de quienes estarían a la altura de la tarea para comprender y ayudar (...)."

3.9 - São Paulo

3.9.1 - En la capital de São Paulo

Sus primeras visitas a São Paulo se remontan a la primera década del siglo, cuando, junto a Ignácio Bittencourt, abandonó Río de Janeiro para impartir conferencias en los estados vecinos. Desde entonces, amplió su círculo de amigos, comenzando a mantener correspondencia con las mayores expresiones del movimiento espírita paulista: Cairbar Schutel, Anália Franco, Militão Pacheco y, muy especialmente, el que se convertiría en su gran amigo, el Dr. Pedro Lameira de Andrade.

Pedro Lameira (1880-1938) fue abogado de Abrigo Batuíra, de la que fue uno de los fundadores, y sucesor de Antônio Gonçalves da Silva Batuíra como director de la revista *Verdad y Luz*, creada en 1890. También fue uno de los directivos más activos de la Asociación Espírita San Pedro y San Paulo, con destacada actuación en el campo de la asistencia social.

Como subcomandante de la Tercera Brigada de Infantería, Vianna se embarcó el 11 de septiembre de 1919 hacia São Paulo. Al mes siguiente, fue nombrado asistente del inspector de armas de infantería y trasladado a la 2.ª Compañía del 33.º Batallón del 1.º Regimiento de Infantería. Su estancia en el Estado duró cuatro meses, desde septiembre de ese año hasta enero de 1920.

En la capital de São Paulo ocupó la tribuna de varias sociedades espiritistas. Sin embargo, permaneció más directamente vinculado a la Asociación Espírita San Pedro y San Paulo, en la que habló ante asambleas de más de mil personas, despertando un enorme interés, especialmente entre los intelectuales que, guiados por la fama del orador nororiental, asistieron a esas reuniones.

3.9.2 - Estudio y unificación doctrinaria

Vianna, en sus conferencias, tuvo mucho cuidado en alertar a los oyentes sobre la importancia del estudio doctrinario incesante y continuo, destacando también la necesidad de la experiencia fraterna para la unificación del movimiento espírita en el Estado. El *Reformador*, del 16 de noviembre de 1919, en un artículo sustancial sobre las actividades espíritas allí realizadas, comenta:

"En la Capital de São Paulo, el día 7 de octubre, en la sede de la Asociación Espírita San Pedro y San Paulo, en la Rua José Bonifácio, n° 12, ante un gran número de hermanos, bajo la presidencia del hermano Queiroz, una importante reunión en la que se trataron varios temas dignos de quedar constancia.

La primera parte de estos trabajos consistió en una elocuente charla de nuestro esforzado compañero de propaganda Vianna de Carvalho quien, en frases sugerentes, dijo que le resultaba muy placentero tener la necesidad de repetir un tema sobre el que ya se había pronunciado en varios Centros, cuestión que consideró de suma importancia para que el verdadero Espiritismo codificado por Allan Kardec pudiera ocupar un lugar competente en el orden de los estudios trascendentales y apasionantes en su vertiente científico-religiosa en esa Capital. Al abordar el tema, promovió sesiones en las que el método, la disciplina y el estudio meditado de las obras del Maestro son completamente despreciados, porque, en tal caso, el resultado es siempre nulo (...) Alienta a los espíritas a practicar la fraternidad, a combatir los exclusivismos y prevenciones que existen entre diversas asociaciones en esa Capital, para crear un bloque de resistencia a raíz del cual todos los Centros puedan realizar su trabajo práctico de manera sana y cohesiva, obedeciendo únicamente al método expuesto en las obras del Maestro.

Pasando a la segunda parte del trabajo, se dio la palabra a quienes quisieran expresar sus ideas y se invitó al consocio Eduardo Leite de Araújo, que tomó asiento en la mesa del presidente, a tomar notas de lo sucedido. Luego tomaron la palabra los hermanos: Dr. Lameira de Andrade, Sebastião Caramuru, Dr. Militão Pacheco, Sr. De Aragona y Porfírio Rodrigues, quienes se expresaron de acuerdo con la actitud asumida por Vianna de Carvalho (...)

El doctor Militão Pacheco considera que estas cuestiones, de suma importancia, deben ser abordadas en un congreso espírita que se realizará próximamente en la capital de São Paulo, después que todos los espíritas comprendan plenamente la necesidad de unificarse. Dice que, como la reunión en la que participa es preliminar al congreso al que se refiere, se deben discutir los temas más urgentes, a saber: 1º La Unificación de los Espíritas; 2º - Uniformidad, en todos los Centros y grupos, de los trabajos prácticos. A partir de estas dos cuestiones, la Asociación San Pedro y San Paulo debería invitar nuevamente al Dr. Vianna de Carvalho a participar del Congreso Espírita del Estado de São Paulo, constituyendo la Federación Espírita del Estado (...)"

3.9.3 - Homenaje a Kardec

Vianna rápidamente se ganó la simpatía y la admiración de los espíritas de São Paulo y, en varias ocasiones, estuvo en la vanguardia de los acontecimientos doctrinario locales, durante su estancia. En la celebración del cumpleaños de Allan Kardec, el 3 de octubre, él fue uno de los invitados especiales a la fiesta conmemorativa realizada en la Asociación Espírita San Pedro y San Paulo. En este inolvidable encuentro, además de la conferencia inaugural, tocaba el violín y recitó uno de sus poemas. *Reformador*, del 1 de noviembre de 1919, relata el hecho:

"Asociación Espírita São Pedro y São Paulo, La fiesta realizada por esta asociación, en celebración del natalicio de Allan Kardec, fue sencillamente magnífica. El amplio salón de su cuartel general estaba decorado artísticamente, con el retrato del Maestro flanqueado por flores y ramas al fondo (...) Aquí está el programa realizado:

I. Discurso del Dr. Vianna de Carvalho.
II. "La Muerte" (poesía) de Francisco Pereira, de Miss Adalgisa Floret.
III. "Papillón" - Alex. Lango (piano) de F. Braga.
IV. Violín y piano "Madrigal" (Simonette), de los señores Vianna de Carvalho y F. Braga.
V. "La Lágrima" (poesía) de Guerra Junqueiro, del profesor Mário A. Veiga.
VI. "Fotovalsa" (piano) de Valério Vieira, interpretada por el autor.
VII. "Pinta Roxa" (poesía) de Coelho Neto, de Miss Clarice de Camargo.
VIII. "Falck schots" (piano) de Roque Valério, del Sr. Valério Vieira.
IX. "Crepúsculo en el Mar" (poesía), del Sr. Vianna de Carvalho.
X. "Napoleón" (piano), del Sr. F. Braga.
XI. Discurso de clausura del Dr. Lameira de Andrade.

3.9.4 - Interior

A principios de 1921, Vianna regresó a São Paulo. Cumpliendo órdenes del ejército, se encontraba en la ciudad de Caçapava, donde permaneció detenido durante algunos días. Aprovechó su estancia, aunque breve, para impartir conferencias a nivel local y en otras ciudades aledañas.

En la conferencia que pronunció en el Club Militar de Río de Janeiro, el 12 de diciembre de 1974, Divaldo Franco narró un hecho ocurrido a Vianna en el interior de São Paulo. Según Divaldo, el caso le fue contado por un cohermano de Cachoeira Paulista, quien afirmó haber tenido el honor y la gloria de conocer a Vianna de Carvalho.

Veamos esta narrativa en palabras del tribuno bahiano:

"(...) Lo escuché hablar un día aquí en Cachoeira. Montado a caballo, había abandonado el auditorio que le había brindado una larga ovación (...) y se dirigía hacia el pequeño pueblo de Lorena, donde debía hablar por la tarde. Pero, un grupo de protestantes se le acercó y lo desafió contra la reencarnación (...) Vianna, como un gran héroe griego, allí mismo con el animal, continuó explicando lo que significa la Doctrina Espírita y la belleza de la reencarnación (...) dio otra conferencia, de allí partió para Lorena a predicar a las tres de la tarde y luego (...) a otra ciudad donde predicaría a las ocho de la noche (...) porque no podía perder el tiempo.

3.10 - Sergipe
3.10.1 La llegada

El 2 de diciembre de 1924, Vianna fue trasladado al 28 aC, con sede en Sergipe. Su presentación; sin embargo, se produciría recién el 16 de febrero de1925, cuando asumió el mando interino del batallón.

Sergipe sería el punto final de su gran cruzada. Al llegar a Aracaju, impulsó mucho el ambiente espírita, realizando visitas a cohermanos, dando conferencias (principalmente en la Logia Masónica de Cotinguiba) y publicando artículos en periódicos seculares y en las columnas del periódico espírita *La Semilla*.

Transcribiendo una nota del diario *La Semilla*, la revista *Verdad y Luz* describe la incursión inicial de Vianna en Aracaju.

"Desde el mes pasado se encuentra en esta capital el honorable Dr. Vianna de Carvalho, Comandante del 28° Batallón de Cazadores. El esforzado hermano ya dio dos hermosas conferencias espíritas en esta capital, cautivando a todos los seguidores del mismo credo.

Las conferencias se han desarrollado en el salón de la Tienda Cotinguiba, que amablemente fue cedido por su dirección.

A pesar que no hubo ninguna invitación por parte de los periódicos locales, tuvimos que ver la sala llena de damas, caballeros y alta sociedad de Aracaju. Los hermanos que luchan por el desarrollo de la Doctrina de Jesús agradecen al buen Dios por enviarles este Apóstol del Bien en tan buen momento.

Que continúe, por tanto, en la propaganda de la santa doctrina, son nuestros deseos."

3.10.2 - Unión Espírita Sergipe

Aunque su actividad doctrinaria fue muy intensa, como de costumbre, su mayor preocupación fue promover la unificación del movimiento espírita; y, sobre este tema, de indiscutible prioridad, el reconocido periodista Martins Peralva (*Anuário Espírita* - 1970, pp. 153-156) escribió:

"(...) El Mayor Vianna de Carvalho, tribuno sumamente excepcional, había emocionado y dado testimonio de la fe espírita, ante la sociedad convencional de la época y, observemos bien, había lanzado los inicios de la Unificación Espírita en Sergipe. (...) Mientras estuvo en Aracaju, el notable tribuno y brillante escritor hizo todo lo posible para unificar a espíritas e instituciones. Hubo mucho desacuerdo. Mucho personalismo. Muy celoso (...) Vianna de Carvalho insistió mucho. Casi se rinde (...)"

Pero, solo cuatro años después, desde el mundo espiritual, Vianna sería testigo del resultado de sus esfuerzos, cuando, el 30 de julio de 1930, tuvo lugar la primera reunión de las tres principales sociedades espíritas del Estado, dando así los primeros pasos hacia unirse en torno a una nueva entidad - la Unión Espírita Sergipana - que sería fundada el 9 de septiembre de 1930.

Y concluye Martins Peralva:

"(...) Con la fundación de la Unión Espírita Sergipana, hija del idealismo, trabajo y cariño del Mayor Vianna de Carvalho, se dio en Sergipe el primer paso hacia la Unificación Espírita, según los estándares de la época, diecinueve años antes del acontecimiento histórico que presenciaría Río de Janeiro, trasladado, el 5 de octubre de 1949: la firma del Pacto de Oro."

3.1 1 - En otros Estados

Aunque hasta la fecha no encontramos ningún documento que acredite actividades doctrinales realizadas por él en otros estados, creemos posible que Vianna diera conferencias en Río Grande do Norte, Paraíba y Bahía.

En su Fe de Oficio, se afirma que, en octubre de 1923, antes de su llegada a Ceará, pasó por las guarniciones de Paraíba y Rio

Grande do Norte. Y, el 2 de marzo de 1925, poco después de dejar el mando del 28 a. C., se dirigió a Bahía, sede de la Región Militar, de servicio, regresando recién el 12 del mismo mes, para retomar sus funciones en Sergipe.

En vista de todo lo que hemos escrito, conociendo su fibra y pasión por el Espiritismo, sinceramente no creemos que, mientras viajaba por estos estados, encontrándose en el apogeo de su fama de tribuno, no hubiera aprovechado la oportunidad para canten las excelencias del mensaje de los espíritus.

CAPÍTULO XI EL REGRESO TRIUNFAL

1. La enfermedad

El año 1926 estuvo lleno de grandes perspectivas para la propaganda espírita. Vianna de Carvalho había sido trasladado, desde finales de 1924, a Aracaju, para comandar provisionalmente el 28 aC, estacionado allí.

Al llegar, se convirtió en la figura más destacada de la comunidad espírita de Sergipe. La revista *Verdad y Luz*, en su edición de abril de 1925, señalaba:

"Dr. Vianna de Carvalho,

Gracias al Buen Dios, nuestro cohermano está lleno de vida y salud en Aracaju y continúa propagando con ardor la Doctrina del Espíritu Consolador. La elocuencia, la sinceridad y la sabiduría que lo caracterizan le otorgan, con razón, el distinguido puesto de primer orador en la tribuna espírita de Brasil."

Pero, lamentablemente, un año después de la publicación de esta nota, Vianna seguía enferma, su cuerpo se había rendido a la gravedad de la enfermedad.

"(...) Poco después de haber conquistado el alma de Aracaju, el gran líder enfermó. El organismo roto por la fidelidad a la Causa; duele el corazón por los bofetones de la ingratitud; el alma amargada por la inmensa soledad a la que se impuso; las manos nerviosas de escribir páginas brillantes, que iluminaron la prensa durante casi cuarenta años (...) el gran líder está exhausto (...) la enfermedad se vuelve más grave (...)[17]"

Como nos confirmó Leonardo de Carvalho, esta enfermedad era beriberi, causada por una deficiencia de tiamina (vitamina B1). Vianna contrajo el tipo más grave de beriberi, agudo y fulminante, que provoca cambios en el sistema nervioso, edema en las extremidades inferiores y dilatación del corazón, provocando insuficiencia cardíaca.

Vianna siempre ha tenido una salud frágil a lo largo de su vida. Analizando su Fe de Oficio, nos damos cuenta que fueron varios años (1894, 1895, 1905, 1907, 1919, 1922 y 1924) en los que tuvo que pedir licencia por tratamiento de salud. Las licencias iban de uno a cuatro meses, la última de un año, y lamentablemente no hubo tiempo para aprovecharla.

Viviendo según la causa y el prójimo, se olvidó de sí mismo, dedicándose, en los últimos años de su existencia, a una labor espiritista, a un ritmo fantástico.

Amaba intensamente a sus semejantes y, por eso, el sacrificio que se entregó estaba en perfecta concordancia con la máxima de Jesús: "Nadie tiene mayor amor que el que da su vida por sus amigos."[18]

2. *El último escrito*

La última página escrita por el poeta de la Tercera Revelación fue el documento en el que se declaraba enfermo, abandonando interinamente el mando del 28 a.C., que había asumido por segunda vez. El *Boletín del Regimiento*, número 236, de octubre de 1926, notificó:

> "Traspaso del Mando: Habiendo tomado licencia por enfermedad, en esta fecha entrego el mando del

---

[17] Conferencia pronunciada por Divaldo Franco en el Club Militar de Río de Janeiro, el 10/12/1974.
[18] Juan (15,13).

Batallón al Sr. Capitán Paulo Pinto da Silva Valle. Vianna de Carvalho

Mayor – Comandante"

3. La despedida

Como la enfermedad se agravó, se decidió llevarlo al Hospital de San Sebastián, en Salvador (BA).

Al no tener fuerzas para levantarse de la cama, fue trasladado en camilla al vapor Iris, acompañado de compañeros oficiales y soldados, por el diputado Macena Peixoto, Dr. Francisco Menezes, Cizídio Marques y muchos amigos.

Desde su alojamiento, en el piso superior del Universal, lo condujeron por la Avenida Ivo do Prado, donde varios hombres del pueblo comenzaron a acompañarlo hasta el almacén de Lloyd's, donde estaba amarrado el crucero Iris.

De camino a Bahía siguió sufriendo. En la cama el dolor era insoportable. Porky, su dedicada enfermera, lo consoló amorosamente. Hasta que amaneció el miércoles 13 de octubre de 1926, a las 6:30 horas, cerca de la playa Amaralina, en Bahía...

"(...) el pájaro divino que cantó en la jaula de carne, rompió los grilletes de cristal y voló hacia el paraíso para luego rendir a su Amo y Señor, el resultado de su extraordinaria labor (...) y la Tierra lloró la partida del orador espírita más perfecto que jamás haya aparecido en Brasil."[19]

Los resúmenes biográficos sobre Vianna de Carvalho mencionan que su cuerpo fue enterrado en suelo bahiano, probablemente en Salvador. Pero, según información de sus sobrinas Edith - hija de Gontran de Carvalho - y Leilah, su cuerpo fue enterrado en el mar, tras recibir honores militares.

---

[19] Conferencia pronunciada por Divaldo Franco en el Club Militar de Río de Janeiro, el 10/12/1974.

4. Repercusión del resultado
En casi todo el país la noticia de su muerte tuvo un eco doloroso.

4.1 - En la patria
En Ceará, todos los periódicos destacaron el hecho, incluso el periódico católico *El Nordeste*, sucesor del *Cruzeiro del Norte*.

Veamos extractos de algunos de ellos:

"Desde Bahía: Llegando hasta aquí en el vapor Iris procedente del puerto de Aracaju, el mayor Vianna de Carvalho, que en ese momento comandaba el 28 aC, murió a la entrada del bar, víctima del beriberi."

El Noreste, 15 de octubre de 1926.

"Ayer concluyó el ciclo de su luminosa trayectoria por el plano terrenal el espíritu de élite entre nosotros llamado Manoel Vianna de Carvalho, mi difunto maestro y amigo, desaparecido ayer a las 6 de la mañana, a bordo del vapor Iris, rumbo a Bahía. El brioso oficial de nuestro Ejército, habiendo alcanzado el grado de Mayor, era una inteligencia sana y fértil, una imaginación exuberante, en una actividad incansable (...)

Vianninha gozaba de una enorme simpatía tanto en su clase como en la sociedad civil; en el primero por su carácter noble, caballeroso y sincero; en esto por su valentía, su fe ardiente en el Evangelio espírita, del que fue, en Brasil, uno de los más incansables propagandistas (...)

Sintiendo dolorosamente la separación de mi ilustre amigo y amado maestro, envío a su querida familia el consuelo de mi inmenso anhelo y mi eterno agradecimiento por las enseñanzas que me brindó y los beneficios que de él recibí.

Que el Todopoderoso lo reciba en su protección amorosa y misericordiosa, dándole la recompensa por el bien que hizo a la Humanidad sufriente y esclavizada y por los esfuerzos que hizo para conducirla a los pies de Dios."

L. Oswaldo de Souza 1er Teniente.

Correo de Ceará, 14 de octubre de 1926.

"A bordo del Iris cuando viajaba de Sergipe a Bahía, falleció repentinamente nuestro ilustre amigo el Mayor Dr. Manoel Vianna de Carvalho (...)

Su formación en las filas del Ejército (...) fue siempre brillante, imponiéndose por el exacto entendimiento de sus deberes, fiel a la disciplina y dedicado al orden. De espíritu bellamente culto y talento vigoroso, Vianna de Carvalho fue una figura brillante y apreciada en la prensa nacional.

Leído en todas las ramas del conocimiento, especialmente en las de la investigación espiritista, entusiasmado por las enseñanzas de la Filosofía Kardeciana, se convirtió en el más ferviente de sus partidarios, mereciendo con razón el título de "Apóstol del Espiritismo en Brasil."

Sin examinar los méritos de esta doctrina, que no es nuestra intención, Vianna de Carvalho fue un creyente inquebrantable, un predicador sin convencionalismos, apasionado y resuelto, aspecto espléndido de su carácter inmaculado, de su corazón generoso, bueno y leal.

Lamentando profundamente su pérdida, que no solo afecta los sentimientos extremos de su familia, sino también de Ceará, que pierde a un hijo que lo honró, y del Ejército, un oficial que dignificó su uniforme, aquí expresamos la nota de nuestro dolor."

Diario de Ceará, 15 de octubre de 1926.

4.2 - Revistas espíritas

Asimismo, toda la prensa espírita, tomada por sorpresa, registró con pesar el suceso.

"Al cierre de nuestra página, recibimos la dolorosa noticia del fallecimiento de este gran pionero del Espiritismo en Brasil (...)

Inteligencia robusta, memoria prodigiosa, supo aprovechar todos los dones que poseía, para la glorificación de la más noble y elevada de todas las causas que no podría ser cualquier otra cosa que la revelación de la Inmortalidad (...)

Orador fluido e inspirado, cautivó los auditorios que siempre lo cubrían de flores cuando terminaba sus discursos (...)

Señora distinguida que fue especialmente a Río para escuchar a Vianna, dijimos:

"Las palabras de Vianna de Carvalho son inmejorables; no es un orador, es aun más ilustrado."

Además de innumerables artículos, publicados tanto en la prensa general como en los periódicos espíritas de nuestro país, se destacan dos series, tituladas *Cuestiones Espíritas* y *Estudios Filosóficos*, que nuestro querido amigo publicó en esta página y que, poco a poco, si es posible, prepararemos libros que ayudarán a iluminar a muchos recién llegados.

"Finalmente, aun joven, el Dr. Vianna de Carvalho pasó por la Tierra como un meteoro dejando el rastro luminoso de su sabiduría, su buena voluntad, su amor a Dios y a los demás; el ejemplo vivo de los deberes que debemos realizar los espiritistas, y los sabios y alfabetizados la gran enseñanza de cómo se debe aplicar la sabiduría y los dones espirituales en este mundo para ser feliz en el Más Allá.

Que Jesús, el amado Maestro, a quien dirige siempre su ferviente oración el insigne hermano que en este momento tiene nuestra atención, lo bendiga y le permita venir en nuestro auxilio, continúe la obra que comenzó en la Tierra, con pruebas contundentes de la resurrección. y vida.

Espíritu amigo, acepta nuestros testimonios de admiración y amor, y Dios, el Señor Supremo, te bendiga."

Periódico *El Clarín* (Matão - SP).

"Alma de apóstol, indomable y buena, inteligente e ilustre, Vianna de Carvalho fue una encarnación viva del Espiritismo, notable de una punta a otra del país, porque en la santa y sublime peregrinación que fueron sus días en la Tierra, nunca se cansó de llevar a todas partes, con el fuego de su palabra y las luces de su fe, las enseñanzas puras de la Nueva Revelación (...)

El predicador no solo fue inspirado para abrir los ojos de aquellos que se habían extraviado en el error hacia las verdades evangélico-racionales; también podía ser tomado como ejemplo de la moral superior que proclamaba, y así fue que mediante la disposición

Conjunto providencial de sus indiscutibles virtudes y de sus sugerentes palabras, su estancia en cada pueblo fue un despertar colectivo de fe, fue el bautismo de fuego para una multitud que venía a lavarse de ignorancias, supersticiones y errores en el baño lustral de verdades espiritistas. (...)

Diario *La Luz* (Maceió-AL).

La noticia apareció lacónica en una esquina del periódico, escrita así:

"Mientras viajaba hacia esta capital, a bordo del Sírio, [20] falleció el mayor Manoel Vianna de Carvalho, del Cuerpo de Ingenieros del Ejército.

Pronto, ante nosotros, brillante y vigorosa, apareció la silueta del joven que, por primera vez, habíamos visto y oído hacía veinte años, en la Federación. Era, dicho sea de paso, una celebración de la Navidad de Jesús y él, el orador oficial, cautivó el auditorio con explosiones de elocuencia, que hasta entonces no sospechábamos que existieran en un orador espírita.

Después de la sesión, lo descubrimos: tuvimos el placer de escuchar al teniente Vianna de Carvalho - Vianninha - cómo lo trataba la hermandad, en privado.

Días después, al ver reproducida en el Reformador, más o menos íntegramente, la magnífica pieza oratoria [21] que tanto nos había impresionado, supimos si había sido memorizada. Por tanto, no fue el orador, sino el hombre de letras quien mereció nuestro admirable homenaje.

Sin embargo, no pasó mucho tiempo para que nos sacaran del error: Vianninha improvisó; pero, como combinó este predicado con el de un recuerdo precioso, escribió más tarde sus poemas verbales.

A partir de entonces, siempre seguimos, a veces de cerca, a veces de lejos, la carrera del valiente y valioso propagandista, sin duda uno de los que más ha hecho, en este país, a favor de la difusión de la Doctrina Espírita, a través de la plataforma y prensa.

Enérgico polemista, creyente indefenso, con una vasta y sólida cultura científica, Vianninha tuvo, en un poco por todas partes, enfrascados en

---

[20] El escritor se equivocó, el nombre del vapor era Iris y no Sirius.
[21] Véase esta dirección en el capítulo XIV.

memorables discusiones con el clericalismo de los bosques, que siempre terminaba por darle la mejor parte de la arena, porque la verdad es que pasada la tormenta, la semilla siempre quedaba (...)

Como pionero de la idea, como pionero de campos, hay que admitir; sin embargo, que su obra doctrinaria no tiene paralelo en Brasil, nadie ha hecho más ni mejor.

Y es por este carácter que lo felicitamos por su ascensión a planos superiores, desde donde, con la demostración de la lucidez de su espíritu, podrá servir mejor a la gloria de Dios a través del amor al prójimo.

Revista *Reformador* (Río de Janeiro).

"Falleció Vianna de Carvalho, nuestro inolvidable compañero en el campo del Espiritismo.

Su paso al Más Allá nos provocó una profunda añoranza, que no se refleja en la palabra hablada ni escrita.

Podríamos transcribir aquí lo que se ha dicho al respecto, avalando estas ampliaciones. Aquí está el artículo de nuestro cohermano Amathur Machado, sobre Vianna de Carvalho:

"Solo aquellos que no tuvieron la suerte de conocer personalmente a Vianna de Carvalho no podrán apreciar el profundo surco que dejó en el mundo espírita la muerte de este gran propagandista.

Vianna es un espíritu de clase alta, con convicciones basadas en la razón más sólida. En todos los lugares y en todas las ocasiones, se hizo sentir como unificador, organizador y disciplinador y su palabra autorizada, saturada de las más altas enseñanzas, fue escuchada, al servicio de la gran causa, desde el más oscuro y pequeño núcleo espírita, desde el interior, hasta las asociaciones más lúcidas y organizadas de las grandes ciudades. Vianna siempre fue amado, respetado y escuchado en todos los círculos. El trabajador incansable fue el compañero en todas las ocasiones y luchas a favor de la regeneración humana (...)

Si es que la nostalgia hace revivir en nuestro espíritu los actos pasados y la amistad sincera, créeme, Vianna, que en este pálido homenaje pretendo recordar las ocasiones en que mi espíritu tuvo la oportunidad de beber en el conocimiento y prepararse para un futuro que podría apoyar esta gran labor a la que tanto te dedicaste.

Deja que mis pensamientos estén en contacto con tu benevolencia, perdonándome, si tal vez, en este afán de hablar de ti, se mancilla tu modestia.

Recibe, con la mayor sinceridad de mi afecto fraterno, el deseo de Progreso y de Paz."

Revista *Verdad y Luz* (São Paulo - SP).

"La inesperada muerte del Dr. Vianna de Carvalho causó gran consternación en todo el país, donde se escucharon sus vibrantes palabras, ilustradas por una sólida cultura literaria y científica. Podemos decir que Vianna de Carvalho fue el espíritu más culto de nuestro tiempo en los círculos brasileños, donde se convirtió en el imperioso divulgador de las verdades cristianas durante diez años de febril actividad.

Espírita, en el sentido de la palabra, dedicó todo el tiempo que le quedaba de su profesión, ingeniero militar, a la difusión de la Doctrina, a través de la palabra y la pluma, que supo manejar con rara maestría (...)

Fue un misionero (...) un ejemplo vivo para todos los espíritas que quieren cumplir con los deberes que les han sido confiados, para vivir gloriosamente trabajando por el gran ideal que nos eleva y espiritualiza, acercándonos así a la verdadera felicidad.

Varias asociaciones espíritas del país realizaron sesiones especiales en honor a Vianna de Carvalho. Entre estos destacamos: Refugio Tereza de Jesús, Uniãón Espírita Trabajadores de Jesús, Unión Espírita Suburbana, Centro Espírita Amantes de la Pobreza (...)

Revista Internacional de Espiritismo (Matão - SP).

En esta misma edición de RIE, del 15 de noviembre de 1926, se transcribió una nota de la *Gazeta de Noticias*, de Río de Janeiro, en la que el escritor menciona una conmovedora conferencia pronunciada por Vianna, dieciséis años antes, en la Asociación de Empleados del Comercio en sesión conmemorativa promovida por la Federación Espírita Brasileña, sobre la desencarnación de Allan Kardec.

El extracto recopilado por RIE es de una rara belleza y revela el sentimiento que el hablante tenía por el Codificador, al que llama su Maestro.

Cerramos este tema, con el extracto final del citado discurso. Observemos que las palabras de Vianna, sobre el regreso de Kardec al plano espiritual, encajan perfectamente con él, porque, cumpliendo fielmente su misión de discipulado, también fue un maestro.

"Invocación

¡Maestro! El ciclo de pruebas tan necesarias de tu ideal de amor en esta dolorosa ascensión a la cima de consagraciones decisivas finalmente ha llegado a su fin. No en vano dedicaste el holocausto al triunfo del Evangelio inmortal, en cuyo amparo se refugian tantos náufragos ante la feroz tormenta de las contingencias terrenas.

Los rayos de esa aurora que una vez nos trajiste en las blancas alas de la paz ya flotan sobre el abismo bostezante y nublado de nuestras crueles pasiones. Al contacto de tus enseñanzas, el cardo se transforma en lirio, las bestias en ruiseñores, los dolores alumbran. Se escuchan por todas partes himnos de redención, las almas ascienden cantando las alturas del progreso, con los ojos fijos en las alturas, buscando a Jesús en los cielos.

Y tu Doctrina, Maestro, como un Jordán de esperanza, sostiene, guía, ilumina los corazones que la virtud arranca de las tinieblas del dolor, para colocarlos, felices, en estos lugares benditos del seno mismo de Dios."

5. Del mundo espiritual

Desencarnado, continuó con el dinamismo que le era peculiar en el mundo exterior. Continuó inspirando a oradores, escritores y luchando por la unificación del movimiento espírita. Hay referencias a su presencia en la Caravana de la Fraternidad, encabezada por el inolvidable Leopoldo Machado, y en la génesis de la Cruzada Militar Espírita, que, dicho sea de paso, fue creada el 10 de diciembre de 1944, exactamente setenta años después de su nacimiento.

A través de Chico Xavier envió los mensajes "Espera", contenidos en la obra *Habla a la Tierra* (Ed. FEB); "Ante el Príncipe de la Paz", contenido en el libro *Mandamientos de Amor* (Ed. IDE); y dos estrofas del libro *Plaza de la Amistad* (Ed. Cultura Espírita União).

A través de la mediumnidad de Divaldo Franco, con quien mantiene contactos más frecuentes, envía desde los años cincuenta numerosos artículos, muchos de ellos publicados en *Reformador* y en libros de diferentes autores espirituales.

Posteriormente, algunos de estos escritos, así como otros, fueron agrupados en cuatro libros, que salieron a la luz en la década de 1960, en publicaciones de la Librería Espírita Alvorada Editora. Ellos son: *A la luz del Espiritismo* (1968), *Enfoques espíritas* (1980), *Médiums y mediumnidades* (1990)[22] y *Reflexiones espíritas* (1992).

6. Instituciones y sociedades

Después de su traslado, se le rindieron numerosos homenajes en todo Brasil, como demostración del aprecio, cariño y reconocimiento de la familia espírita por la inmensa cantidad de servicios que prestó.

Numerosas instituciones que llevan su nombre aparecieron en todo el país. En Fortaleza, además de una logia masónica (ya mencionada en el capítulo VI), fue inaugurada la Rua Major Vianna de Carvalho[23] bajo la dirección del alcalde José Walter. Y, por iniciativa de Manoel Felix de Moura Amazonas, surgió a finales de la década de 1920 el Grupo Espírita Vianna de Carvalho.

En la investigación realizada, con la inestimable ayuda del cohermano Eduardo Carvalho Monteiro, destacamos centros espíritas fundados en los años veinte y treinta, en Alagoas, Sergipe y Maranhão.[24]

---

[22] Esta primera edición en 1990 fue realizada por la Editora Arte e Cultura.

[23] Hoy Calle Vianna de Carvalho.

[24] En Maranhão, el centro tenía su sede en Rua Joaquim Távora n° 2-A, São Luís.

También obtuvimos el registro de dos escuelas con su nombre, organizadas en Río de Janeiro y Maranhão.[25]

En São Paulo operaba el Gremio Vianna de Carvalho. Y, como dato curioso, esta sociedad benéfica se creó cuando aun estaba encarnado, probablemente tras su notable paso por el Estado, en 1919. Sobre esta cofradía, El Clarín, del 29 de mayo de 1920, comentaba:

"Numerosas damas de esta Capital se reunieron en el Gremio Beneficente Vianna de Carvalho, con el exclusivo propósito de realizar fiestas benéficas a favor de instituciones que ayudan a los pobres.

El 21 de mayo, el citado Gremio realizó un encuentro a beneficio del Instituto Anália Franco y del Albergue nocturno creado por el Centro Espírita Antônio de Padua, en la ciudad de Imbituba.

---

[25] Fundada el 30 de julio de 1927 y vinculada al Centro Espírita Maranhense.

CAPÍTULO XII ENTREVISTA A RENATO DE CARVALHO

1. Una gran sorpresa

En febrero de 1995, descubrimos en la Biblioteca Pública Menezes Pimentel, en Fortaleza, una serie de artículos escritos por Vianna de Carvalho, entre 1910 y 1911, en los periódicos *Unitario* y *La República*. Después de la actualización ortográfica, los artículos fueron incluidos en el libro *Palabras de Vianna de Carvalho*, publicado por la Federación Espírita del Estado de Ceará. Desde entonces, comenzamos a dedicar buena parte de nuestro tiempo a realizar investigaciones sobre la vida del compatriota tribuno.

Al principio intentamos encontrar antiguos líderes del movimiento espírita local que pudieran haberlo conocido. Lamentablemente, el trabajo resultó infructuoso, ya que Vianna de Carvalho había fallecido en 1926.

El segundo paso consistió en identificar a sus familiares y probables descendientes. Nos enteramos de una visita, realizada en 1977, por el hermano y amigo Ary Bezerra Leite, a un hermano de Vianna. Oportunamente, el Profesor Ary nos habló de esta visita que realizó en compañía de su difunto cohermano, el Coronel Edynardo Weyne, al Sr. Renato de Carvalho, abogado jubilado, hermano menor de Vianna.

Casi veinte años después de aquella visita, imaginar que el Sr. Renato desencarnó, porque en la fotografía mostrada por Ary Leite parecía anciano, seguimos buscando a otros familiares.

Encontramos al Sr. Leonardo de Carvalho, sobrino de Vianna. Casualmente, el Sr. Leonardo, ahora un querido amigo, conoció a mi padre desde su juventud, y cuando hablamos de la investigación sobre su tío, para nuestra sorpresa, nos preguntó si nos gustaría conocer al Sr. Renato de Carvalho, el último hijo que queda del profesor Tomás Antônio de Carvalho.

2. Renato de Carvalho

Sin perder tiempo, fuimos a visitarlo, en julio de 1995, a su residencia, en la Rua Pierre Luz, en el barrio Jardim Guanabara, donde vivía tranquilamente junto a doña Sulamita, la segunda esposa.

Treinta años más joven que Vianna de Carvalho, tenía, a los noventa y un años, una memoria prodigiosa. Con motivo de una segunda visita, en noviembre del mismo año, cuando le entregamos un ejemplar de *Palabras de Vianna de Carvalho*, grabamos una entrevista, en la que nos reveló aspectos inéditos y curiosos de la vida de su hermano.

3. La entrevista

Evitamos hacer demasiadas preguntas, ya que nos dimos cuenta que el Sr. Renato se sentía más cómodo hablando de forma espontánea. De esta manera, el simpático anciano, poco a poco, fue sacando de los rincones de su memoria valiosa información sobre Manu, que resumimos a continuación.

3.1 - Vianna y su familia

Renato de Carvalho:

- No estuve mucho tiempo con Manu, ya que él pasaba mucho tiempo fuera por el Ejército (...) ¡pero era muy, muy querido! (...) Papá sintió mucho por su muerte (...) Papá no era espiritista, pero respetaba y admiraba el Espiritismo gracias a él.

3.2 - En el 23 a.C.

Renato de Carvalho:

- Manu tenía el curso de las tres armas (...) Cuando llegó a Fortaleza (1923) yo era soldado. En el cuartel había un soldado de la guardia que cada vez que pasaba presentaba su arma con mucho nerviosismo. Manu notó su nerviosismo y, cuando volvió a pasar, le tocó el hombro y le dijo:

- ¿Cómo estás, muchacho?

(...) Luego se tranquilizó.

3.3 - Un paseo inolvidable

Renato de Carvalho:

- Lo recuerdo caminando de regreso conmigo desde el 23° aC 2S - Vivíamos en 24 de Mayo, estaba muy cerca (...) quería que fuera a su lado (...) pero yo no iba, en señal de respeto, porque al fin y al cabo yo era solo un soldado, y él era un oficial (...) entonces él caminaba delante y yo, unos metros detrás.[26]

En ese momento, el 23 a. C. se encontraba donde hoy se encuentra la 10.ª Región Militar.

3.4 - Una relación prohibida

Renato de Carvalho: - Una vez se enamoró de una chica llamada Bianca. Pero ella era sobrina de un conocido sacerdote de Fortaleza, quien prohibió la relación (...) él no aceptó la relación porque Manu era espiritista.

3.5 - Detalles físicos

Renato de Carvalho:

- Era un poco más pequeño que yo(...)[27] y se peinaba de atrás hacia adelante a causa de su calvicie.

3.6 - Un caso curioso

Renato de Carvalho:

---

[26] Sr. Renato medía aproximadamente 1,65 m de altura. Vianna era, por tanto, de baja estatura, lo que justifica el modo afectuoso con el que sus cohermanos lo llamaban: Vianninha.

[27] Antônio Martinz de Aguiar (1893-1974), profesor de portugués y francés en el Liceo y en el Colegio Militar de Ceará, considerado el mayor filólogo de Ceará.

- Martinz de Aguiar [28], que era profesor de secundaria, me contó un caso que presenció, un día, un grupo de chicos acudió al lugar donde Manu iba a dar una conferencia, con la intención de perturbar la reunión. Cuando los jóvenes entraron y se sentaron al fondo de la sala, sin que nadie supiera su intención, Manu, antes de comenzar la sesión, se acercó a ellos y les advirtió, diciéndoles que miraran la conferencia en silencio (...) Estaban perplejos y avergonzados y no hicieron nada (...) Martinz me dijo que era el tribuno más grande que jamás había escuchado.

3.7 - Protección espiritual

Renato de Carvalho:

- Un día estaba dando una conferencia en Logia Libertad. En un momento, inesperadamente, se detuvo, bajó la cabeza y esperó. La lámpara de gas cayó desde arriba, directo a su cabeza (...) lo sintió. Sin embargo, antes que lo golpeara, quedaba muy poco, una fuerza invisible sacó el candelabro de su trayectoria vertical, arrojándola a un rincón. Luego levantó la cabeza y naturalmente continuó la conferencia, como si nada hubiera pasado.

3.8 - La última reunión

Renato de Carvalho:

- La última vez que lo vi fue en la casa donde vivía en Recife. Iba a Río y me matriculé en la Escuela Militar (...) pero no encontré lugar. Pasando por Recife fui a visitarlo (...) Estaba sin camisa, tocando la guitarra (...) entonces, frente a él, le pregunté:

- ¿Qué es esto? Después de todo, ¿qué pasa con el violín?

Él sonrió, como diciendo:

- ¡Es cosa del pasado! (...)

---

[28]

Me dijo que lo iban a ascender a teniente coronel y estaba pensando en retirarse (...) tenía intención de viajar a Europa para tomar lecciones de guitarra con un español, considerado el mejor guitarrista del mundo en ese momento (...) Pero, realmente, ¡Manu tocaba el violín!

Siete meses después de esta entrevista, el Sr. Renato de Carvalho falleció, a los noventa y dos años, a consecuencia de complicaciones respiratorias, el 12 de junio de 1996.

CAPITULO XIII EL BINOMINIO VIANNA/DIVALDO

1. Una simbiosis perfecta

No parece haber duda que Manoel Vianna de Carvalho y Divaldo Pereira Franco son las máximas expresiones de la oratoria espírita en Brasil.

En el trabajo colaborativo, los dos embajadores de las voces han trabajado juntos a lo largo de este siglo. Hasta los años 1940, cuando Divaldo inició sus actividades en el campo de la oratoria, Vianna fue considerado la mayor tribuna nacional. A partir de ese momento destacó la labor del predicador bahiano, cuyos resultados actualmente no requieren comentarios.

Los dos misioneros, en perfecta simbiosis, han estado actuando en posiciones alternas. Encarnado, Vianna fue ayudado por espíritus afines, entre ellos Divaldo. Posteriormente, al fallecer el Tribuno de Icó, las posiciones se invirtieron, convirtiéndose Vianna en uno de los espíritus que más ayudó al tribuno de Feira de Santana en su fenomenal oratoria.

2. Coincidencias curiosas

Analizando sus vidas, nos topamos con algunas curiosas coincidencias biográficas. Por ejemplo, Vianna de Carvalho murió en Bahía, en 1926, mientras que Divaldo Franco reencarnó en Feira de Santana (BA), al año siguiente.

La última conferencia dada por Vianna tuvo lugar en Aracaju (SE), cuando comandaba el 28 a. C. y cayó gravemente enfermo; Divaldo inició su misión como tribuno, dando una conferencia en la misma ciudad, en 1947.

En Río de Janeiro, Vianna fue uno de los primeros espíritas en alzar la voz y escribir en defensa de la creación de escuelas morales cristianas para la evangelización de los niños. Hoy, el núcleo de la labor asistencial de Divaldo, a través de La Mansión del Camino, se centra, casi exclusivamente, en los niños.

Vianna también fue colaborador frecuente de la Federación Espírita Brasileña, siendo elevado a la categoría de portavoz oficial de la institución, asegurando siempre una gran asistencia a sus conferencias. Divaldo, en varias ocasiones, ha representado oficialmente a la FEB, incluso en el extranjero.

3. Entrevista a Divaldo Franco

Con motivo de su visita a Fortaleza para realizar un seminario, entre el 1 y 2 de agosto de 1998, Divaldo Franco recibió un cuestionario que elaboramos. Esa misma semana devolvió las preguntas debidamente respondidas, revelando algunas curiosidades sobre su amigo espiritual.

Transcribimos la entrevista íntegramente a continuación:

1) ¿Cómo y cuándo se produjo tu primer contacto espiritual con Vianna de Carvalho?

Divaldo Franco: En año 1947. Después de haber dado la primera conferencia espírita, en la ciudad de Aracaju, el 27 de marzo, estaba en Salvador, meditando en nuestra casa (Centro Espírita Camino de la Redención), cuando se me apareció un espíritu noble, informándome que había trabajado intensamente para promover el Espiritismo en Brasil, y que se llamaba Manoel Vianna de Carvalho.

Me explicó que, durante su viaje terrenal, mientras estuve fuera del cuerpo, tuve la oportunidad de acompañarlo, participando del grupo de amigos desencarnados que participaron de sus logros espirituales.

Ahora mantendría conmigo una estrecha relación psíquica (mediúmnica), ayudándome en las conferencias espíritas que debía dar. Desde entonces me ha ayudado como un verdadero benefactor.

2) ¿Qué valoración harías de la obra de Vianna, cuando encarnó?

Divaldo Franco: De relevancia para el Espiritismo, ya que tuve la oportunidad de encontrar, en el valle de Paraíba, personas que escucharon algunas de sus magistrales conferencias y que a partir de entonces se convirtieron en espíritas. Además, viajando mucho encontré sus huellas luminosas en diferentes ciudades que se beneficiaron con su palabra, iniciando instituciones que hasta hoy mantienen la llama del ideal espírita como nos lo legó Allan Kardec.

3) Si nos es posible revelarlo, ¿tiene información sobre alguna reencarnación anterior de Vianna?

Divaldo Franco: Según sus propias palabras, estuvo presente en la Revolución Francesa de 1789, como un orador apasionado, trabajando a favor de los derechos de los pueblos oprimidos por los poderosos de la época.

4) Y Vianna espíritu, ¿cuál ha sido su trabajo en el plano espiritual?

Divaldo Franco: Además de inspirar a las criaturas encarnadas, particularmente aquellas vinculadas al Espiritismo, participa de un equipo de espíritus guías que preparan expositores de la Doctrina para el futuro en la Tierra, además de dedicarse a ayudar a entidades desafortunadas en las regiones de dolor y sombra.

5) Cuéntanos un poco sobre el trabajo de Vianna como masón.

Divaldo Franco: Los espíritus nobles son muy modestos cuando se consideran a sí mismos y a sus actividades. Por tanto, la información que tengo sobre el tema es limitada.

Invitado a dar una conferencia en la ciudad de Franca, en la logia masónica que celebraba su centenario, se me apareció y se hizo cargo de la tarea, inspirándome, palabra por palabra, sobre un tema que llamó "La iniciación de los esenios", que fue publicado más tarde: Como me dijo el Gran Maestro, el Sr. Américo Palermo, era la primera vez en la historia de la Masonería que se realizaba una ceremonia así para escuchar a un orador que no pertenecía a la orden...

6) ¿Es cierto que algunas veces cuando se te aparece Vianna parece estar tocando el violín?

Divaldo Franco: Efectivamente lo he visto y oído tocar el violín. La primera vez tuvo lugar en la sede de la Federación Espírita Brasileña, en Río de Janeiro, en 1956, antes de una conferencia sobre la evolución. Salió y tocó maravillosamente una hermosa canción titulada *Reverie*.

7) ¿Vianna te contó cómo fueron sus primeros momentos en el plano espiritual tras su desencarnación?

Divaldo Franco: Me informó que amaneció suavemente, atendido por el Dr. Bezerra de Menezes, quien le dio la noticia menos de treinta horas después. Como ya estaba enfermo, sintiéndose debilitado, no dudó en reconocer su liberación, exultándose en ella después de un breve período de profunda reflexión y análisis sobre la existencia terrena.

8) ¿Cómo definiría Divaldo Franco a su amigo Vianna de Carvalho?

Divaldo Franco: Lo tengo como un verdadero benefactor espiritual, paciente y sabio, de quien he ido aprendiendo comportamientos y lecciones preciosas, que me han ayudado, constituyendo una brújula que me indica la dirección segura del viaje.

CAPITULO XIV PAGINAS DE VIANNA DE CARVALHO

Este capítulo es un complemento literario, a través del cual el lector podrá conocer un poco sobre el talento escritor de nuestro biógrafo.

En la secuencia, además de piezas genuinamente literarias, publicadas en revistas de Fortaleza y en el libro *Facetas*, están algunas de sus polémicas libradas en Ceará y un discurso espírita, que nos permitirá tener una idea del estilo oratorio. del Tribuno de Icó.

1. *Controversias*

1.1- *Jesucristo y el Papa*

Bajo el pomposo pero injustificado título de "Pulverizando"[29] el escritor que se esconde bajo el seudónimo de Lux apareció nuevamente en *Cruzeiro del Norte*, atacándome a mí y al Espiritismo una vez más.

Lux abre su extenso artículo diciendo que volví al campo de discusión armado con algunas invectivas propias de sectarios con ideas subversivas y contrarias a la iglesia de Jesucristo.

Sin embargo, no menciona estas invectivas, lo que me hace dudar de su existencia y me obliga a llamar la atención del público sobre mi modesto y sin pretensiones trabajo incluido en *La República* de 20 del mes pasado.

Incluso admitiendo que en el fragor de la pelea había expresado un juicio menos aterciopelado, todos podrían culparme, excepto el citado colaborador del Cruzeiro.

---

[29] Nombre de la columna Lux en Cruzeiro do Norte, destinada a *Combate*.

Porque, el organismo católico tiene prioridad en adoptar los "viejos procesos de la rutina amenazadora y vilipendiadora", ya que, a través de João da Roça y en nombre de la religión que defiende, me atacó cuando su odiosidad exacerbada frente al innegable éxito de la propaganda espírita en Ceará. La censura de Lux debería comenzar por *Cruzeiro del Norte*, representante del catolicismo y, como tal, obligado a mantener una línea tranquila de cordura, magnanimidad, tolerancia, paciencia... que son principios básicos de los evangelios de Jesucristo.

Si no lo hizo, negó categóricamente el pensamiento del excelente Maestro de Palestina. Nos da derecho a cuestionar que el catolicismo en realidad representa la encarnación viva de las lecciones mesiánicas.

Nuestra época quiere ejemplos, no palabras. No tiene sentido proclamar a los cuatro vientos que la iglesia romana está basada sobre una roca inquebrantable y desafía los siglos erigiéndose en el Nuevo Testamento. Lo esencial sería el cumplimiento real de las enseñanzas de Jesús. Esto te daría la fuerza para superar toda resistencia. Pero eso es precisamente lo que está muy lejos de lograr.

Este ámbito pertenece al Espiritismo, interpretación científica y racional de los evangelios entendidos y explicados según el espíritu, pero no según la letra que mata en la frase de Pablo, el Apóstol de los Gentiles.

Podría aducir aquí la interminable serie de argumentos que prueban el flagrante desacuerdo entre Jesús y las enseñanzas humanas de la Iglesia sustentadas en el oro del Vaticano.

No lo hago, por ahora, para mostrar a Lux la benevolencia propia de una 'secta' que considera un veneno letal para nuestras conciencias. Doy la palabra al gran escritor Delilez, a quien le corresponde organizar el siguiente cuadro comparativo:

JESUCRISTO Y EL PAPA

Jesucristo, el hombre del dolor, lleva una corona de espinas que chorrea sangre.

El Papa disfruta de todos los placeres y porta una triple corona real, tachonada de joyas.

Jesucristo nació pobre, vivió pobre y murió. No había ningún lugar donde descansar su cabeza.

El Papa posee tierras, casas, palacios. Es muy rico. Vive en un palacio que contiene once mil habitaciones, el más grande del mundo.

Solo el cielo se preocupaba por Jesús.

El Papa se ocupa únicamente de la política y tiene embajadores ante todos los poderes.

Jesús vino a servir y dar su vida por la redención de la Humanidad.

Los Papas se sirven a sí mismos y han causado la muerte de millones de hombres que no pensaban como ellos.

Jesús quería que sus discípulos fueran servidores de todos.

El Papa los convierte en príncipes.

Jesús caminó por toda Galilea, predicando.

El Papa no se mueve de un lugar a menos que lo lleven cuatro hombres.

Jesús lavó los pies de sus discípulos.

El Papa da su beso, excepto una vez al año cuando pretende imitar al Maestro.

Jesús era manso y humilde de corazón.

El Papa siempre ha sido intolerante y dominante.

Jesús alimentó a la multitud.

El Papa se rodea de riquezas y cofres llenos de adornos y piedras, mientras el pueblo de Italia muere de hambre...

La República - 3 de enero de 1911.

1.2 – Ejemplos y no palabras

En su último ataque a las verdades espirituales sublimes y consoladoras, Lux ha ido repitiendo los mismos temas anteriores, triturando las arias sádicas, cantadas mil veces, sin éxito, por los defensores del catolicismo en la muela de su dialéctica medieval.

Y siempre el cansino estribillo de declamar con fácil retórica que el Espiritismo es falso porque es contrario a la fe, falso porque niega los castigos eternos, la infalibilidad del Papa, los dogmas inventados en los diversos concilios y cuyo resultado más directo fue la mutilación de los evangelios.

Ahora bien, todos estos tópicos cansados y mohosos sirven, en el mejor de los casos, para detener la investigación de asuntos religiosos en las mentes de sectarios impenitentes de ciertos credos antagónicos al desarrollo de la ciencia.

Para los espíritus lúcidos y libres de supersticiones, abren la tentación de estudiar. Quieren verificar la coherencia de las acusaciones vertidas con despecho sobre una Doctrina que, como el Espiritismo, solo aspira a perfeccionar a los hombres mediante la práctica diaria de la caridad, el amor al prójimo, la justicia y la benevolencia manifestadas en sus manifestaciones más luminosas.

Quieren apreciar el alcance de sus teorías basadas en la observación de hechos irreductibles en la enseñanza científica de nuestro tiempo y en los mandatos de una lógica estricta que muestra la comprensión de las perspectivas claras que esperan a nuestra alma después del revuelo de la vida en el planeta.

Así, la oposición sistemática de Lux activa francamente la propaganda espiritista en Ceará. eCuanto más S.Sa. grite que la filosofía kardecista es un veneno letal, un peligro que amenaza la tranquilidad del hogar... cuanto más despierta la curiosidad de los indiferentes, impulsa a los hombres de buena voluntad a una verificación personal de estas afirmaciones construidas con el mortero de intolerancia al servicio de los intereses de una secta cuyo objetivo supremo es el dominio exclusivo de las conciencias.

Así, por ejemplo, la S.Sta. dice que el Espiritismo es aceptado solo por un puñado de sectarios, con el objetivo de disminuir su importancia.

Quien no sea idiota, antes de creer en semejante afirmación, comprobará las estadísticas, comprobando el elevado crecimiento del número de espiritistas repartidos en todas las nacionalidades.

S. Sa. Afirma que el Espiritismo solo lo disfrutan almas desequilibradas, inciertas y vacilantes.

El estudioso, apreciando de cerca la historia de la doctrina, observa que ésta ha sido ocupada por las intelectualidades más poderosas del Viejo y del Nuevo Mundo, los eruditos más eminentes de nuestro tiempo, los pensadores más renombrados en los anales de las investigaciones científicas actuales.

Entre otros podemos mencionar de paso a los profesores Morgan, W. Gregory, R. Chambers, I. Robertson, Oliver Lodge, W. Barret, Chalis, Wallace, F. Myers, Fichte, Hellenbach, Zölner, Karl du Prel, Eslandoña, Tameboem, Aksakoff, Bodisco, Schiaparelh, Gibier, Cel. de Rochas, Boutlerow, Minot Savage, Richet, Flammarion, Donald Mac-Nab, C. Varley, Campbell, dr. Finzi, Gerosa, Underwood, S. Moses, G. Massey, C. Wittig, Livermore, M. Keulemans, W Brown, Marryat, J. Farmer, Dawson Rogers, etc. etc.

S. Sa. añade insidiosamente que el Espiritismo borra la emulación por el bien, por el trabajo honorable y por la virtud.

A los ojos de los observadores concienzudos, tales conceptos se contradicen en todo momento con la abrumadora lógica de los hechos, porque los espíritas desempeñan funciones sociales bien definidas, cooperando como magistrados, comerciantes, militares, industriales... en la inmensa obra del progreso colectivo. No venden misas, sacramentos, discos, santitos, amuletos de ninguna naturaleza; no engañan así a la ingenuidad popular, para llenarse mejor de copiosas sumas destinadas a la grandeza mundana que Jesús no dejó de proclamar con vehemencia en sus alegorías y parábolas, tocadas por el toque sublime de su genio incomparable.

La República - 14 de enero de 1911.

1.3 - *Confesión y misa*

Dejo de lado la perorata ultra fastidiosa con la que Lux suele llenar sus desafortunadas diatribas, exhibidas funambulescamente en apoyo de los dogmas católicos. No entro en una discusión con el firmante del flácido y pretencioso "Pulverizando", cuyos argumentos casi siempre gatean por la vacuidad inherente al teologismo rotundo, pero carente de razones a la altura de la ciencia moderna. Me inhibe tanto su roja intolerancia a derramar bilis y maldad en explosiones de histerismo religioso y, sobre todo, su condición de escritor amparado en el anonimato, que le permite atacar en las sombras sin exponerse a los golpes de un oponente provocado por los berrinches del Cruzeiro. En el montón de mentiras lanzadas contra el Espiritismo, elijo uno u otro punto apropiado para esclarecer las inteligencias agobiadas por las imposiciones tiránicas del romanismo que considero perjudiciales para la marcha del progreso humano. Los analizo a la luz de la lógica y de los hechos, con la consternación de quien no teme la odiosidad de los turiferos de sectas retrógradas, que se entregan a errores centenarios para subyugar sacrílegamente la conciencia ajena.

Lux pregunta por qué pensaba que tenía derecho a anunciar conferencias anticlericales. Respondo: con el mismo derecho que utilizó el organismo católico, permitiendo a João da Roça insultar; mire sus columnas, cuando en mis conferencias espiritistas aun no se había hecho alusión a las creencias de S. Sa.; con el mismo derecho que usan los frailes del Sagrado Corazón de Jesús, atacando vilipendiosamente desde el púlpito, donde debe reinar la tolerancia y la mansedumbre de Jesús, las ideas de Allan Kardec, aceptadas por innumerables criaturas virtuosas y por tanto dignas de toda aceptación. ¿O Lux supone groseramente que está permitido que los representantes de la Iglesia católica cubran con maldiciones, insultos e vilipendios a quienes se desvían de su muy oscuro proceso de comprensión de la religiosidad, mientras que para otros es un crimen exponer y defender sus opiniones?

¿Dónde está garantizada la libertad de pensamiento y de culto en la Constitución de la República? Lux creerá que todavía estamos en los tiempos siniestros del Papa Inocencio III, cuando los fuegos de la "Santa Inquisición" devoraron por cientos de miles a las víctimas de la intolerancia negra de la que S. Sa. ¿parece ser un partidario tan ferviente?

Lux afirma que soy un enemigo acérrimo de la religión de Jesucristo. Demostraré con los evangelios que si hay algún credo en absoluta oposición al pensamiento de Jesús, ese es el catolicismo.

Tomemos algunos ejemplos.

Reto a todos los teólogos del mundo a que me señalen un pasaje del Nuevo Testamento en el que se exprese claramente que Jesús se confesó a cualquiera.

La confesión solo se volvió obligatoria en 1215 en uno de los concilios de Letrán.

Anteriormente había sido condenada por San Crisóstomo, San Hilario, San Agustín y San Jerónimo. Al no ser puesta en práctica por el Divino Maestro, apareciendo como creación humana mil doscientos quince años después de su regreso a la bienaventuranza celestial, está lejos de ofrecer el sello de su doctrina. La iglesia, castigando o perdonando a los confesores, previamente emite un juicio sobre las faltas cometidas. Pronto, contradice las siguientes palabras de Jesús: *No juzguéis, para que no seáis juzgados. Porque con el juicio con que juzguéis seréis juzgados, y con la medida con que midáis os será medido.*

¿En qué momento del Evangelio se afirma que Jesús dijo una misa?

Esta institución se organizó en el tercer concilio de Letrán y solo en Constanza, en 1415, la iglesia romana decidió monopolizar la comunión del cáliz para su clero. La iglesia, que celebra misas a precio estipulado, no imita a Jesús, quien nunca cobró dinero por sus prodigiosas curas ni por los innumerables beneficios que dio a las turbas de Palestina. Además, si lo hiciera, incluso con el pretexto de reunir solo a los fieles para la oración, desobedecería el precepto contenido en los términos del pasaje evangélico: *Cuando quieras orar, entra en tu habitación y cierra la puerta, orad a vuestro Padre en secreto; y vuestro Padre, que ve lo que sucede en secreto, os lo pagará.*

Jesús dijo a sus apóstoles: *Id y predicad; no tengas oro ni plata, ni dinero en tu cinturón, ni bolso, ni calzado, ni bastón.*

Por el contrario, los representantes del romanismo se cubren de adornos deslumbrantes, organizan pomposas fiestas donde se asocian la vanidad, el lujo y la ostentación para demostrar su total antagonismo con la sencillez de Jesús.

No sé si Lux encontrará esta manera de razonar "mezquina e inarticulada."

La opinión de S. Sa. En este sentido, soy absolutamente indiferente. Escribo para hombres juiciosos y reflexivos que no se encuentran bajo las garras implacables de un sectarismo digno solo de las épocas más remotas de barbarie y horrible oscuridad intelectual...

Para no extenderme, hoy resaltaré la profunda frase de C. de Renesse: Cristo nunca impuso dogmas. No inventó ni instituyó ningún sacramento. Los dogmas y los sacramentos solo fueron imaginados mucho después de su muerte.

La República - 17 de enero de 1911.

1.4 - *Infalibilidad papal*

Continuando mostrando, a través del estudio de los evangelios, el profundo antagonismo que existe entre la doctrina de Jesús y la secta católica, desciendo al análisis del monstruoso dogma de la infalibilidad papal. Esta aberración decretada en el famoso concilio de 1870, durante el pontificado de Pío IX, es el ataque más formidable que podría perpetrarse contra la integridad y pureza de las enseñanzas mesiánicas. Fruto exclusivo del orgullo humano, solo encuentra justificación en la ambición desordenada que siempre movió a los pontífices de Roma a ampliar su poder como reyes de la Tierra, cuando Jesús solo nos hablaba a nosotros y prometía el reino celestial. La pretensión de infalibilidad solo podría ser aplicable a un ser cuyos atributos alcancen las alturas de la sabiduría y la virtud, que están magníficamente incrustadas en la esencia del Absoluto.

Para juzgar indefectiblemente es necesario conocer las relaciones de todas las cosas, la secuencia de todos los acontecimientos, la red infinita de modalidades universales. ¿Y puede el hombre alcanzar posesión de estos predicados simplemente encontrándose en la cúspide de una jerarquía sacerdotal? Absurdo. Son bien conocidos los tortuosos caminos que llevaron a obispos y cardenales entregados a la ociosidad, al lujo que les permitía disfrutar de las riquezas nababescas.

Baronio nos cuenta que "las poderosas cortesanas vendieron, intercambiaron e incluso se apoderaron de obispados; y, horrible decirlo, hicieron papas a sus amantes." Ginebra sostiene a su vez que "durante ciento cincuenta años los papas, en lugar de apóstoles, fueron apóstatas."

Estas citas no pueden considerarse inverosímiles, ya que fueron tomadas de un escritor católico, el obispo croata Strossmayer, que se opuso heroicamente a las deliberaciones de la asamblea organizada para implantar otro dogma más, el de la infalibilidad, en la estructura del catolicismo.

Y es el mismo Strossmayer quien formula, en el concilio antes mencionado, la terrible pregunta:

- ¿Eres capaz de igualar a Dios a todos los obispos incestuosos, avaros, homicidas y simoníacos de Roma?

La creación del papado implica la supremacía de un líder de súbditos alineados en serie obedientes a sus órdenes, no siempre guiados por la dulzura y la justicia como las ejemplificó Jesús.

Manejando los evangelios encuentro este edificante pasaje que los condena irrevocablemente:

Pero Jesús les dijo: Los reyes de los gentiles los gobiernan, y los que tienen autoridad sobre ellos se llaman a sí mismos bienhechores.

Pero no debe ser así entre vosotros, sino que el mayor entre vosotros sea como el menor, y el que gobierna como el que sirve. (Lucas, 22: 23 y 25).

Por tanto, concluyo racionalmente que la institución del papado no armoniza con las disposiciones prescritas por Cristo a sus apóstoles.

El Espiritismo, rechazándolo, está con el Divino Maestro, se aferra a sus inspiraciones de humildad, respeta su pensamiento ungido en lecciones de amor soberano, de justicia y de paz que conduce a los hombres a la conquista del bien, que es el fin último de sus destinos luminosos.

La República - 25 de enero de 1911.
1.5 - La confesión auditiva

En un artículo anterior abordé brevemente el problema de la confesión auricular.

Provocado por Lux a establecer una confrontación entre los textos de los libros sagrados y las disposiciones acomodaticias de los concilios romanos, que poco a poco engendraron la forma actual del catolicismo, debo señalar los libelos condenatorios de esta práctica exótica de la Iglesia, todavía en vigor fuerza al auspicioso preludio del siglo XX. No profundizaré en opiniones profanas, sospechas de parcialidad o dichos extraídos de la opulenta documentación de la ciencia positiva, que ya ha eliminado de sus consideraciones estos tristes vestigios del fetichismo primitivo.

Me basaré en las fuentes indiscutibles que surgen de la Biblia y del Nuevo Testamento para apoyarme en los mismos elementos invocados en Teología, con la única diferencia que no violento ni altero las ideas allí cristalizadas para adaptarlas por la fuerza, en interés de mis convicciones personales.

En los extractos que ahora trasladaré a este comentario sintético, la claridad y precisión de los términos son tan descaradamente claras que resuelven fundamentalmente cualquier duda sobre su verdadero significado. O se los acepta en la plenitud de su innegable significado o se deja de lado la autoridad de conceptos bíblicos tantas veces sacados a la luz para establecer doctrinas que la Iglesia inculca como indefectibles, ya que se basan casi exclusivamente en los arrebatos de inspiraciones proféticas.

Si la revelación divina está plasmada en estos dos monumentos que traen gloria al pueblo de Israel (y así lo piensa el catolicismo), cualquier desviación de sus enseñanzas es un sacrilegio.

Cualquier institución basada en otro orden de consideraciones fuera de su alcance puede, a lo sumo, presentarse como un resultado falible de la deliberación humana, pero nunca pretende imponerse como si emanara de los designios providenciales del Ser Supremo.

Ahora bien, este es precisamente el caso de la confesión auricular. San Pablo, en una de sus epístolas a los Romanos, dice:

- *Y así cada uno de nosotros dará cuenta a Dios de sí mismo. Antes ya había dicho: - Porque de la misma manera que juzgas a otro, te condenas a ti mismo; porque haces las mismas cosas que crees que haces.*

En los Salmos leemos:

- *Confesaré mis transgresiones a Jehová.*

Daniel exclama:

- *Al Señor nuestro Dios son las condolencias y el perdón... y confesé mi pecado delante del Señor mi Dios.*

¿La confesión al oído es quizás una obediencia a los preceptos muy claros allí enumerados? Absolutamente no. Por tanto, al admitirlo, la Iglesia se aparta de las disposiciones establecidas en los libros sagrados. Nuestra tesis se confirma una vez más.

¿Cuál será el origen de esta institución? Es fácil resolver la cuestión consultando la Historia Eclesiástica del Reverendo Padre Rivaux.

"En el año 1215, el XII concilio ecuménico y el IV de Letrán (...) decretó 21 de sus setenta cánones, que todo fiel de ambos sexos, alcanzado la edad de discreción, debía confesar al menos una vez al año todos sus pecados a su propio sacerdote; es decir, a su párroco, y comulgaba tres veces al año, en Semana Santa, Pentecostés y Navidad."

Draper se expresa así en sus Conflictos de ciencia y religión:

"Por ley del IV Concilio de Letrán, que tuvo lugar en 1215, el poder inquisitorial fue sorprendentemente reforzado por la confesión auricular, que fue declarada obligatoria. Esto dio a los inquisidores omnisciencia y ubicuidad en todos los asuntos internos. Desde entonces no ha habido un solo hombre que esté a salvo en su propia casa."

Mira, pues, Lux, que no me rebelo contra la Doctrina de Jesús: la quiero a ella y a su esencia primitiva, en la pureza con la que fue predicada y transmitida a sus apóstoles. El trabajo de los consejos, por muy humano que sea, está plagado de defectos, absurdos y contradicciones. Debe ser sometida al tamiz de un análisis persuasivo y si no resiste este tamiz de la comprensión será etiquetada, sin remisión posible, entre las cosas viejas del pasado... nada más. La confesión auricular incurre en esta falta gravísima, es un ataque al sentido común, a la moral y a los evangelios.

Jesús nunca la practicó. Si la rechazamos, ¿estaremos de acuerdo con el Divino Maestro o no?

La República - 31 de enero de 1911.

1.6 - Ordenación de fallecidos

Animado por Lux, responsable de los análisis que he realizado sobre el catolicismo, hoy me ocuparé de la comisión de los muertos, ceremonia provechosa para la Iglesia, pero totalmente contraria al espíritu de los evangelios. Por mucho que haya manejado minuciosamente la obra maestra de la moral universal donde la vida de Jesús es narrada por los apóstoles a los que se les ha confiado esta gloriosa misión, no encuentro ningún extracto que justifique el encargo del difunto.

Jesús nunca realizó tal práctica ni la autorizó en ninguna de sus parábolas o alegorías cuyas interpretaciones contradictorias y absurdas dieron lugar a diversos credos religiosos emanados de los mismos textos, entendidos de manera diferente según los períodos de grave desarrollo de la mentalidad humana.

Semejante práctica de la Iglesia católica, incluso frente a sus enseñanzas fundamentales, es un verdadero disparate atroz.

Para la Teología dominante, la existencia del infierno constituye un axioma: el alma del réprobo, después de la muerte corporal, se hunde irrevocablemente en la Gehenna de la tortura eterna. Ahí están los calderos humeantes, lagos de fuego, una legión incontable de espíritus perversos destinados a infligir castigos interminables a quienes no ayunan al menos durante la Pascua, no se confiesan ni siquiera una vez al año, no obedecen, en definitiva, los preceptos infantiles de una secta que reivindica el derecho exclusivo a la salvación de las almas...

Imaginemos ahora que acaba de morir un hombre disoluto, envidioso, cruel, lleno de ambiciones, cubierto de pecados...

Fue un rebelde contra las imposiciones del catolicismo. Por tanto, su sentencia es irrevocable: esta alma irá directamente al seno de fuego, a los dominios de este rey cornudo, que es Satán.

Sin embargo, el cadáver acude al funeral. Un sacerdote, más o menos investido, reza el latín de la pragmática, le echa unas gotas de agua fría con hisopo y luego recibe (lo cual es imprescindible) los honorarios según la tabla establecida por la Santa Sede.

Ahora bien, si la condena a la pena eterna, según el dogma católico, es absolutamente inapelable, la recitación del *de profundis* no beneficia al alma afectada por él. Ni siquiera miles de masas alineadas, en una secuencia interminable, pudieron jamás sacarla, ni por un solo momento, de las torturas infernales.

La orden, incluso en latín, adquiere así la apariencia de un doble engaño; para el infortunado que lucha entre las garras de demonios codiciosos y para la familia que, habiendo realizado un gasto extra, considera que su pariente se encamina hacia los deleites de la dicha.

En la hipótesis del hombre virtuoso, merecedor del cielo, el simple hecho de una letanía cantada, clara o fantasiosa, no puede en modo alguno alterar el éxtasis soberano que debe sentirse entre los radiantes serafines.

Lo único que queda es la cuestión del purgatorio.

La iglesia sostiene que sus oraciones pagadas pueden transferir al reino de gloria a las almas que se encuentran en esta situación transitoria tan dolorosa.

Tomemos el ejemplo de dos criaturas desigualmente favorecidas por la fortuna. Uno disfruta del esplendor de las riquezas terrenas, el otro sorbe, traga con la boca, la bilis de las desventuras provocadas por la extrema pobreza. Pero ambos, después de la muerte, se encuentran en los lugares dudosos del purgatorio. La familia del rico gasta oro en misas, responsos, indulgencias al por mayor... y obtiene así la salvación del ser amado. Los pobres, sin recursos materiales, no pueden hacer nada en este sentido; pierde la esperanza de mejorar la suerte de aquel que ha ido al Más Allá, tan indefenso en la muerte como lo había estado en vida. ¿Y dónde se esconde la misericordia de Dios para permitir un comercio tan repugnante con la posesión de su augusto reino?

Esta pregunta revela el absurdo inexpresable de tal doctrina que ataca los atributos por excelencia de la Perfección Absoluta.

La República - 9 de febrero de 1911.

2. Piezas literarias

2.1 - En la montaña

Amanece.

Al oeste, a lo lejos, las montañas hunden sus puntas tranquilas y firmes en el amplio azul del cielo; en el este, la silenciosa expansión de la luz que sube tangencialmente desde detrás de la montaña, viste las cosas con una toalla dorada.

Allí, lívidas indecisiones del crepúsculo espiritualizando el paisaje; aquí, el amanecer vomita empapándolo todo... todo... Poco a poco el pueblo se ilumina.

Y una luz rubia, alegre y cálida, que se cuela por los cristales rotos, corre por las calles transitadas, estrellándose en los cristales, una luz buena que nos refresca el alma.

Suena la campana de la iglesia, con una única torre poliédrica, blanca como las almas de los santos.

Las chicas pasan y se van en masa de vestidos sencillos que abrazan la sana dureza de la carne pubescente, risas francas e ingenuas sobre labios rosados frescos y ojos suaves y juveniles...

Hay en todas partes una alegría fuerte, como un himno, triunfante y diluvial.

Sin embargo, hija, me siento triste, porque no puedo ver la alegría adorable de tu rostro puro, que me es mucho más querido que todos los himnos, que todos los gozos de la naturaleza...

18:00.

De la blancura lacteosa del cielo, vestido de niebla, brotan los sonoros chorros de la lluvia, que aterrizan sobre los tejados lavados y apagados... El frío es penetrante y malo.

Oigo el rugir de los torrentes, descendiendo con furia enloquecida hacia el fondo oscuro de los barrancos. Arriba, en la ladera indecisa de la montaña, las pinturas apagadas de la noche que se despliega, sombra, funden los contornos de las casitas que pintan el dulce verde oscuro de los bosques.

¡¡¡Sin transeúntes, sin ventanas abiertas!!!

Las tortuosas calles del pueblo se congelan en una pesada calma granítica que duerme el sueño de muchas edades...

Al mirar este escenario triste, dolorosamente triste, mi afligido corazón vacío siente el deseo de ir, así, deteniéndose serenamente, lentamente, en una sombra de anhelo infinito, que no se puede comprender, que no se puede definir...

Revista Evolución - 25 de agosto de 1893.

2.2 - Marcha fúnebre (do bemol)

... Al anochecer, mi último sueño marchito quiso componer como un miserere el aria dolenta, en el tono doloroso de la canción que había oído de niño, muchas veces, susurrada en la capilla del pueblo, junto al ataúd de algún campesino que iba a descansar más allá, entre flores silvestres y hierbas crecidas.

En una melopeia impregnada de sonidos apagados, notas de agonía mortuoria, largos gemidos rodando como fuertes dolores de órgano en el terrorífico silencio de un monasterio medieval.

Canciones que parecían oraciones balbuceadas en los labios morados de un moribundo y súplicas de condenados en el ambiente húmedo de las cárceles.

Modulaciones oscuras y ritmos oscuros como el estallido de olas salvajes sobre rocas turbulentas, en noches de tormenta, escalofríos de escamas imitando lo lúgubre, cuervos graznando en los páramos afectados por el frío invernal...

... Y, mientras sostenía el violín en mis manos, escuché un extraño sonido piadoso dentro de mi pecho.

Mi corazón cantó la marcha fúnebre de tu último sueño marchito para siempre... marchito...

Revista Iracema - Agosto de 1895.

2.3 - La lección de italiano

Había ido a las montañas solo para verla. ¡Cuántos meses de lenta y profunda tortura acababan de desarrollarse! ¡Cuántas noches de anhelo infinito y de vigilias dolorosas había pasado después que ella se fuera! Ahora, yo estaba allí en el pueblo donde ella también estaba y aun no había podido satisfacer ese deseo voraz de verla, que me torturaba bárbaramente.

El jueves 21 regresaba de un paseo por la carretera. Iba a oscurecer.

Los crepúsculos en las montañas tienen una dulzura y una tristeza místicas que aprietan dolorosamente el alma. Y mientras miraba los verdes lejanos llenos de tonos aterciopelados, tocados por las últimas refracciones, miraba el cielo descolorido, sucio de nubes desgarradas aquí y allá, sentí la necesidad de llorar, un abandono incomprensible en el que regresaba toda mi alma, llamándola, llorando por ella en suprema agonía.

Di mis pasos hacia el pueblo.

Al pasar por la escuela donde la habían encarcelado estúpidamente, escuché voces. Escucho. Es una clase. Con valentía, miro por la rendija de la ventana cerrada: un escalofrío recorrió mi cuerpo. Hace apenas unos pasos la vi divinamente hermosa. Hablaba italiano, ese idioma tan suave, que hoy me encanta porque sus labios saben decirlo. Un chal oscuro envolvía su cuello en pliegues que recordaban las mantillas sevillanas, resaltando la perfección altiva de su cabeza con gracia regia. Los ojos grandes y dulces, empapados de luz, miraron a la maestra en lugar de a mí. La boca roja y fresca recitó hermosas palabras, que me sugirieron versos de Steccheti y d'Ariosto.

¡Cómo había cambiado! ¡Era más alta, más fuerte, más seria!

Me detuve sobre ella con mi mirada. Tenía muchas ganas de hablar con ella... mucho...

Y aquel jueves 21, cuando la vi tan cerca de mí sin que ella me viera, no pude conciliar el sueño en la noche cuando me retiré a la casa horrible, húmeda de lluvia, desnuda de muebles, triste, muy triste, donde vivía, esperaba una cama tan fría como una plancha de hierro expuesta al hielo.

Revista Iracema - Agosto de 1895.

2.4 - Súplica

¡Mírame!

Hay resplandores penetrantes, níveas suavidades de la luz de la luna, delicias de ópalo, tardes blancas, fuerzas vírgenes de imán en esta pupila que brilla, inmersa en un éter de fascinación.

El alma de los lirios, cándida, revolotea en el resplandor pacífico que irradia de ella en vibraciones magnéticas.

Velos de sublime dulzura, piadosas confesiones, ondulantes brumas inefables se filtran por el fluido de tus ojos. ¡Háblame!

En tu voz de módulos de canto se revuelve toda la gama de suaves rumores, el susurro del viento en un denso palmeral, el planeo de la ola en la playa de arena, la blanca melodía de los riachuelos que corren, apresurados, entre pulidos guijarros.

¡Quiéreme!

Tu amor es la luz de los cielos estrellados, la luz brillante de los frescos amaneceres, la suave música del canto de los ruiseñores. Y el sueño, la oración, el entusiasmo y el éxtasis...

Facetas.

2.5 - Ruinas

En la vasta llanura, bajo el cielo gris, se destacaba un montón de piedras, que la tierna y muy verde hiedra decoraba con los tonos de una viva acuarela. En círculo, lentos pájaros, que habían construido sus nidos en las sinuosas grietas de las rocas, pasaban en vuelos bajos, viendo llegar la noche.

Cerca, no hay viviendas.

Solo que, borrosa a lo lejos, perdida en los vapores del crepúsculo, una pequeña casa aparecía como una mota que blanqueaba la sombra indecisa del horizonte. Me volví hacia el guía tonto que estaba a unos pasos de distancia:

-¿Qué es esto? - Y le señalé el montón de piedras ruinosamente reunidas y de las que no sé qué efluvios de épocas nostálgicas exudaban.

- Una construcción de la época holandesa.

De nuevo guardó silencio, contemplando las distancias que poco a poco iban aumentando a medida que la luz se hundía, está anocheciendo. La tenue luz se extendió, a medida que se desvanecía, por la llanura poco profunda, en un semitono vago, misterioso y pacificador.

Las cosas se durmieron y el cielo gris se lamentó.

La sugerencia de aquellas ruinas infiltró en mi ser la tristeza íntima de pensar desconsoladamente en el corazón humano tantas veces destrozado bajo el amargo látigo de tanta amargura...

Facetas.

3. Dirección espiritual
3.1 - Homenaje a la Navidad de Jesús

La resonancia lúgubre de las liras proféticas aun no se había apagado, mezclando los acentos, llenos de misticismo sagrado, con las quejas del torrente Cedrón y los ayes de los robles que se alzaban en lo alto de las cimas del cambiante Líbano. Los salmos de David, los cánticos del sabio rey de Israel y los lamentos de Jeremías parecían revolotear como el alma de la inspiración celestial flotando invisible sobre las franjas azules balanceándose en Tiberíades al son de los empujones o vagando solo en las profundidades de los silenciosos jardines.

Estas voces de otras épocas ahogadas en conmovedoras reminiscencias, este ingenuo encanto de las leyendas que suavizaban los reveses de una raza, secularmente provocados por la desventura, iluminaban la conciencia colectiva de Judea con las diluciones de una esperanza a punto de encarnarse en realidades consoladoras.

Un soplo de fe íntima en las promesas enunciadas por los visionarios del futuro despertó la aspiración nacional, incluso bajo la oscuridad opresiva del despotismo, que brotaba incesantemente de la Roma pagana, reclinada como una odalisca sobre su lecho de bajeza e iniquidades.

Señores, mientras Tiberio César adormecía la dureza del remordimiento con los deleites de Capri, Herodes - su acólito en las tiranías -, desataba los rayos de la ira indomable más allá, apuntando a las dolorosas peticiones de los súbditos imbeles.

El sucesor de Augusto abandonó la suerte del Imperio a merced de un Senado, arrastrándose a sus pies en el mismo charco de sangre y crímenes en el que la nobleza se vio vilipendiada y dotó al tetrarca de Galilea de poderes discrecionales para satisfacer las aberraciones de su instintos nefastos.

En Roma, la orgía salvaje hacía estragos, socavando los frágiles soportes de una opulencia material que luego las legiones pelirrojas de Germania, desataron como avalanchas vivientes; se hundirían en el socavón de una aniquilación violenta.

Aquella gloria de la República se evaporaba en los triclinios capitoné de cojines morados, en los balnearios y circos atestados de multitudes atraídas por el espectáculo de espectáculos en los que las bestias eran quizás más humanas que los propios hombres.

Panem et circenses definió, en una fórmula concisa, el nivel al que alcanzó la estructura social en la tierra natal de Catón.

Pero... echemos también una mirada retrospectiva a esa franja asiática encajonada entre Fenicia y el Mediterráneo, el lago Asfaltita y las arenas ardientes del desierto.

Es la Palestina de los hebreos, cuyos monumentos resuenan con el estrépito de las batallas y están coronados por leyendas impregnadas de matices de un orientalismo extrañamente imaginativo.

Escenario de prodigios que se vincularon desde la revelación del decálogo patentado por Moisés, en los humeantes acantilados del Sinaí, hasta las visiones de Ezequiel y desde la aparición inescrutable de las palabras fatales en la fiesta de Baltasar hasta el anuncio de Malaquías, abriendo nuevas perspectivas a los hijos de Jacob.

En ese momento asombroso de la historia israelita, un halo de ansiedad se formó amenazadoramente en sus turbulentos horizontes.

Dos leyes cargadas como castigo, comprimiendo las desgracias del pueblo llano, sumergido en un estado de oscurantismo generado por la necedad de cultos bárbaros, que se centraban exclusivamente en el oropel de las externalidades.

La situación política era triste: acumular el tesoro imperial para servir a los vertiginosos excesos de los gobernantes era el molde en el que se moldeaba todo ese mecanismo administrativo.

Reaccionar contra un absolutismo abrumador sería desenterrar ruinas más resonantes que el derrumbe de los muros de Jericó al son de los himnos sagrados cantados antaño para conquistar Canaán. Los legionarios de la península se jactaban recordando en sus campamentos el suplicio de Vercingétorix y los laureles entrelazados en la frente del vencedor de las Galias.

Al menor estallido de revuelta, se precipitaban hacia Jerusalén, en masas inexpugnables, rechazando la muerte.

Era necesario, por tanto, apelar a una intervención que, emanada del cielo, en favor de tantos oprimidos, rompería el yugo de un cautiverio espantoso.

Y, en efecto, aquellos pueblos, extraños en el suelo de sus predecesores, se inclinaban ante el látigo de las pruebas inexorables, solo se sostenían en la fe, que les hablaba dulcemente de un salvador.

Los arrebatos de su imaginación, exacerbados por su sed de represalias vengativas, lo retrataron como un excelente guerrero, que guiaba a huestes invencibles al triunfo liberador.

El enviado de Dios debe ser un rey, haciendo gala de ruidosa pompa al pasar entre los platos de una gloria compatible con la grandeza de su misión excepcional.

Pero he aquí que una noche, en las afueras de la modesta Belén, los pastores, que meditaban contemplando el cofre resplandeciente incrustado en la cóncava azul del infinito, oyeron desde las alturas sonidos que se deshacían en oleadas de armonías desconocidas.

Una claridad fascinante, que rodeaba el tumultuoso bulto de las nubes, se posaba sobre la tierra dormida, acunada en el regazo de las extensiones siderales. Misteriosos hosannas hacían vibrar sus suaves cánticos con presteza.

Las profecías se cumplieron: Jesús estaba entre los hombres.

Sin embargo, señores, la estrella que apuntaba hacia los reyes de Oriente no permaneció inmóvil, marcando el final de su recorrido como las torres de un palacio.

Su luz serena se filtraba por las rendijas de esta cabaña alpina en la que el rabino predestinado abrió sus párpados infantiles para revelar muy pronto el océano turbulento de las miserias terrenas.

Allí se esculpió la primera estrofa de esa conmovedora humildad que el excelente reformador encarnó tan singularmente en el curso de su peregrinación, fértil en modelos dignos del culto de reverencia de todas las épocas.

Señores, la cuna de Jesús, intencionadamente vestida con galas que expresan los estremecimientos del orgullo, representa la cristalización olímpica de la bondad serena, floreciente en el oscuro pantano de las pasiones humanas.

Aquel niño frágil, cuyos primeros gemidos fueron captados por las auras embalsamadas que rozaban el valle de Josafat, vino a transfundir amaneceres en el vórtice de una civilización que se aferraba agonizantemente a los tentáculos del paganismo esterilizante.

De sus labios santificados brotarían enseñanzas tejidas con el fulgor de genios para la edificación de las generaciones futuras. El amor, la dulzura, la tolerancia y la caridad doraron la suavidad de sus principios y acciones con un resplandor inmortal...

Y que había consagrado su existencia a consolar a los afligidos, curar a los enfermos, sostener a los débiles y, finalmente, consentir su propio holocausto, para sancionar el incomparable brillo de su misión en la Tierra. Jesús manso y puro: a la sombra de tu magnánima égida, los espíritas se acogen.

Viajeros cansados por los caminos del exilio, buscan vislumbrar el iris de la paz en Occidente, irradiando esplendor en las profundidades de la inmortalidad.

Tu doctrina es para nosotros un símbolo único, desplegado luminosamente a lo largo de las pruebas necesarias para la perfección de nuestra esencia espiritual.

Danos la confianza que depositamos en tus sublimes promesas. Pero... nuestras debilidades y rebeliones todavía nos atrapan.

Sé, por tanto, Jesús, nuestro apoyo y guía en esta ascensión que nos llevará de progreso en progreso, de culminación en culminación, hasta el seno de esa Bondad Infinita, esa fuente absoluta de todo bien y de todas las perfecciones, que es Dios.

Discurso pronunciado en la sesión de la FEB, en honor a la Navidad de Jesús, en 1908, y en la Logia Masónica Igualdad, en diciembre de 1910, en Fortaleza, Ceará.

Libros

REFERENCIAS BIBLIOGRÁFICAS

- ANUARIO ESPÍRITA 1970. Ed. Instituto de Difusión Espírita, Araras, São Paulo, 1970.
- AZEVEDO, Otacílio de. Fortaleza descalza. Ed. Universidad Federal de Ceará (Casa de José de Alencar), Fortaleza, Ceará, 1992.
- BARREIRA, Dolor. Historia de la literatura de Ceará. Vol. 1, Ed. Instituto do Ceará, Fortaleza, Ceará, 1948.
- CARVALHO, Vianna de. Facetas. Río de Janeiro, DF, 2.ª edición, 1910.
- CARVALHO, Vianna de. Palabras de Vianna de Carvalho. Organización de Luciano Klein Filho y Francisco Cajazeiras, Ed. Federación Espírita del Estado de Ceará, Fortaleza, Ceará, 1995.
- FRANCO, Divaldo Pereira. Enfoques espíritas. Dictado por el espíritu Vianna de Carvalho, Ed. Capemi, Río de Janeiro, RJ, 1980.
- GAMA, Ramiro. Cosechadoras de primera hora. Vol. 1, Ed. Eco, Río de Janeiro.
- GIRÃO, Raimundo. Poca historia de Ceará. Ed. Universidad Federal de Ceará, Fortaleza, Ceará, 1984.
- GODOY, Paulo Alves. Grandes figuras del Espiritismo. Ed. Federación Espírita del Estado de São Paulo, São Paulo, SE 1981.
- GODOY, Paulo Alves y LU CENA, Antônio de Souza. Personajes del Espiritismo. Ed. Federación Espírita del Estado de São Paulo, São Paulo, SR 1982.
- LIMA, Miguel Forfírio de. Icó en hechos y recuerdos. Icó, Ceará, 1995.

- MACHADO, Leopoldo. La caravana de la fraternidadoña São Paulo, Edición Grande de la Revista dos Tribunais, 1954.
- MACHADO, Ubiratan Paulo. Intelectuales y Espiritismo: por Castro Alu Machado de Assis. Ed. Lachâtre, Niterói, Río de Janeiro, 2.edoña, 19i
- MELLO FILHO, Luiz de. Masonería en Ceará, tiendas y trabajadores. Fortala Ceará, 1973.
- MONIZ, Pedro. Versos de ayer. Ed. Tipografía Studart, Fortaleza, Ceará 1896.
- MONTEIRO, Eduardo Carvalho y GARCIA, Wilson. Cairbar Schutei, el pionero del Espiritismo. Ed. Casa Editora O Clarim, Matão, SP, 1986.
- NEVES, Margarida de Souza. El orden es progreso; Brasil de 1870 a 1910. Ed. actual, São Paulo, SI* 7.edoña, 1996.
- NOBRE, Geraldo. Introducción a la historia del periodismo en Ceará. Ed. Gráfica Editorial Cearense, Fortaleza, Ceará, 1975.
- PALHANO JR, Lamartine (Coordinador). Expediente Jerónimo Ribeiro. Ed. Fundación Espírito-Santense para Investigaciones Espíritas, Vitória, Espírito Santo, 1993.
- QUINTAO, Manoel. Cenizas de mi cenicero. Ed. Federación Espírita de Paraná, Curitiba, Paraná, 1952.
- RAMOS, Clovis. La prensa espírita en Brasil, 1869-1978. Ed. Instituto María, Juiz de Fora, Minas Gerais, 1979.
- RAMOS, Graciliano. Alejandro y otros héroes. Ed. Martins, São Paulo, SJJ 7.edoña, 1970.
- ESTUDART, Guilherme. Diccionario biobibliográfico de Ceará. Vol. 2, Ed. Tipolitografía de vapor, Fortaleza, Ceará, 1913.
- STUDART, Guilherme - Diccionario biobibliográfico de Ceará. Vbl. 3, Ed. Tipografía Minerva, Fortaleza, Ceará, 1915.
- STUDART, Guilherme. Para la historia del periodismo en Ceará, 1824-1924. Tipografía Moderna, Fortaleza, Ceará, 1924.

- VARIOS AUTORES. Una pregunta original: ¿la música tiene un lugar en los actos espíritas? Ed. Lar de Jesús, Nova Iguaçu, Río de Janeiro, 1944.
- WANTUIL, Zeus. Grandes espiritistas de Brasil. Ed. Federación Espírita Brasileña, Rio de Janeiro, RJ, 1969.

- Periódicos
- La Luz. Maceió, AL.
- La República. Fortaleza, CE.
- Tribuna. Fortaleza, CE.
- Correo de Ceará. Fortaleza, CE.
- Cruz del Norte. Fortaleza, CE.
- Diario de Ceará. Fortaleza, CE.
- Mañana soleada Fortaleza, CE.
- Espírita de Mato Grosso. Cuiabá, MT.
- El Bandeirante. Fortaleza, CE.
- El Clarín. Matao, SP.
- El Noreste. Fortaleza, CE.
- Pernambuco Espírita. Recife PE.
- Unitario. Fortaleza, CE.

- Revistas
- La chispa. Sao Paulo-SP.
- Ceará Ilustrado. Fortaleza, CE.
- Evolución. Fortaleza, CE.
- Iracema. Fortaleza, CE.
- El espírita. Brasilia DF.
- Reformador. Río de Janeiro - RJ.
- Revista de la Academia Cearense de Letras. Fortaleza, CE.
- Revista Espirita do Brasil. Río de Janeiro - RJ.
- Revista Internacional de Espiritismo. Matão, SP.
- Revista Verdade e Luz. São Paulo, SP.

– **Entrevistas**
- Divaldo Pereira Franco, Fortaleza, CE, agosto de 1998.
- Leonardo de Carvalho, Fortaleza, CE, 18 de noviembre de 1995.
- Maria Augusta Guimarães dos Reis, Fortaleza, CE, 28 de febrero de 1999.
- Renato de Carvalho, Fortaleza, CE, 25 de noviembre de 1995.

– **Otros Documentos**
- Álbum de Visitas del Estado de Ceará, 1908. Acta de Fundación del Centro Espírita Cearense.
- Acta de Fundación de la Logia Masónica Vianna de Carvalho. Boletines militares.
- Cartas de Vianna de Carvalho, 1914. Fe de oficio de Vianna de Carvalho.
- Libro de registro de la Logia Libertad, 1904.
- Conferencia pronunciada por Divaldo Pereira Franco (cinta de casete), el 10 de diciembre de 1974, en el Club Militar de Río de Janeiro.

– **Instituciones Investigadas**
- Academia Cearense de Letras.
- Archivo Histórico del Ejército, Río de Janeiro, RJ. Archivo Público - Fortaleza, CE.
- Asociación de Prensa Cearense.
- Biblioteca Nacional, Río de Janeiro, RJ.
- Biblioteca Pública Menezes Pimentel, Fortaleza, CE.
- Colegio Militar de Fortaleza.
- Curia Diocesana de Iguatu, Iguatu, CE.
- Gran Logia Masónica del Estado de Ceará.
- Grande Oriente Estadual de Ceará, GOB.
- Instituto Ceará.
- 23° Batallón de Cazadores, Fortaleza, CE.
- 28° Batallón de Cazadores, Aracaju, SE.

Grandes Éxitos de Zibia Gasparetto

Con más de 20 millones de títulos vendidos, la autora ha contribuido para el fortalecimiento de la literatura espiritualista en el mercado editorial y para la popularización de la espiritualidad. Conozca más éxitos de la escritora.

Romances Dictados por el Espíritu Lúcio

La Fuerza de la Vida

La Verdad de cada uno

La vida sabe lo que hace

Ella confió en la vida

Entre el Amor y la Guerra

Esmeralda

Espinas del Tiempo

Lazos Eternos

Nada es por Casualidad

Nadie es de Nadie

El Abogado de Dios

El Mañana a Dios pertenece

El Amor Venció

Encuentro Inesperado

Al borde del destino

El Astuto

El Morro de las Ilusiones

¿Dónde está Teresa?

Por las puertas del Corazón

Cuando la Vida escoge

Cuando llega la Hora

Cuando es necesario volver

Abriéndose para la Vida

Sin miedo de vivir
Solo el amor lo consigue
Todos Somos Inocentes
Todo tiene su precio
Todo valió la pena
Un amor de verdad
Venciendo el pasado

Otros éxitos de Andrés Luiz Ruiz y Lúcio
Trilogía El Amor Jamás te Olvida
La Fuerza de la Bondad
Bajo las Manos de la Misericordia
Despidiéndose de la Tierra
Al Final de la Última Hora
Esculpiendo su Destino
Hay Flores sobre las Piedras
Los Peñascos son de Arena

Otros éxitos de Gilvanize Balbino Pereira
Linternas del Tiempo
Los Ángeles de Jade
El Horizonte de las Alondras
Cetros Partidos
Lágrimas del Sol
Salmos de Redención

Libros de Eliana Machado Coelho y Schellida

Corazones sin Destino

El Brillo de la Verdad

El Derecho de Ser Feliz

El Retorno

En el Silencio de las Pasiones

Fuerza para Recomenzar

La Certeza de la Victoria

La Conquista de la Paz

Lecciones que la Vida Ofrece

Más Fuerte que Nunca

Sin Reglas para Amar

Un Diario en el Tiempo

Un Motivo para Vivir

¡Eliana Machado Coelho y Schellida, Romances que cautivan, enseñan, conmueven y
pueden cambiar tu vida!

Romances de Arandi Gomes Texeira y el Conde J.W. Rochester

El Condado de Lancaster

El Poder del Amor

El Proceso

La Pulsera de Cleopatra

La Reencarnación de una Reina

Ustedes son dioses

Libros de Marcelo Cezar y Marco Aurelio

El Amor es para los Fuertes

La Última Oportunidad

Nada es como Parece

Para Siempre Conmigo

Solo Dios lo Sabe

Tú haces el Mañana

Un Soplo de Ternura

Libros de Vera Kryzhanovskaia y JW Rochester

La Venganza del Judío

La Monja de los Casamientos

La Hija del Hechicero

La Flor del Pantano

La Ira Divina

La Leyenda del Castillo de Montignoso

La Muerte del Planeta

La Noche de San Bartolomé

La Venganza del Judío

Bienaventurados los pobres de espíritu

Cobra Capela

Dolores

Trilogía del Reino de las Sombras

De los Cielos a la Tierra

Episodios de la Vida de Tiberius

Hechizo Infernal

Herculanum

En la Frontera

Naema, la Bruja

En el Castillo de Escocia (Trilogía 2)

Nueva Era

El Elixir de la larga vida

El Faraón Mernephtah

Los Legisladores

Los Magos

El Terrible Fantasma
El Paraíso sin Adán
Romance de una Reina
Luminarias Checas
Narraciones Ocultas
La Monja de los Casamientos

Libros de Elisa Masselli
Siempre existe una razón
Nada queda sin respuesta
La vida está hecha de decisiones
La Misión de cada uno
Es necesario algo más
El Pasado no importa
El Destino en sus manos
Dios estaba con él
Cuando el pasado no pasa
Apenas comenzando

**Libros de Vera Lúcia Marinzeck de Carvalho
y Patricia**

Violetas en la Ventana

Viviendo en el Mundo de los Espíritus

La Casa del Escritor

El Vuelo de la Gaviota

**Vera Lúcia Marinzeck de Carvalho
y Antônio Carlos**

Amad a los Enemigos

Esclavo Bernardino

la Roca de los Amantes

Rosa, la tercera víctima fatal

Cautivos y Libertos

Libros de Mónica de Castro y Leonel

A Pesar de Todo

Con el Amor no se Juega

De Frente con la Verdad

De Todo mi Ser

Deseo

El Precio de Ser Diferente

Gemelas

Giselle, La Amante del Inquisidor

Greta

Hasta que la Vida los Separe

Impulsos del Corazón

Jurema de la Selva

La Actriz

La Fuerza del Destino

Recuerdos que el Viento Trae

Secretos del Alma

Sintiendo en la Propia Piel

Otros Libros de Valter Turini y Monseñor Eusébio Sintra

Isabel de Aragón, La reina médium

El Monasterio de San Jerónimo

El Pescador de Almas

La Sonrisa de Piedra

Los Caminos del Viento

Si no te amase tanto...

World Spiritist Institute

www.ingramcontent.com/pod-product-compliance
Lightning Source LLC
LaVergne TN
LVHW041809060526
838201LV00046B/1187